Joy
Every Day

W0187270

Esmée Rotmans

© 2017 Quintet, ein Imprint der Quarto Gruppe

© der deutschen Ausgabe:
Naumann & Göbel Verlagsgesellschaft mbH
Emil-Hoffmann-Straße 1
D-50996 Köln
Autorin: Esmée Rotmans
Übersetzung: Katrin Korch
Umschlagmotive: aus dem Innenteil
Printed in China
www.naumann-goebel.de

Inhalt

Wow! Glücks-tipps

BEGRÜSSE DAS GLÜCK!

Wenn man die kleinen Glücksmomente im täglichen Leben aufspürt, wird man fröhlicher und entspannter.

Woher kommt Glück? Manche meinen, dass sie vor allem dann fröhlich werden, wenn sie Zeit mit Freunden oder Familie verbringen. Anderen hilft es, kreativ zu sein oder auf ein längerfristiges Ziel hinzuarbeiten. Wie auch immer du deine Zeit verbringen möchtest, am besten ist es sicherlich, wenn du dich auf das konzentrierst, was du gerade tust – einen Moment bewusst zu erleben, sorgt für ein gutes Gefühl! Schnell erlangte kleine Freuden, wie eine wilde Partynacht oder neue Kleidungssachen, sind toll, aber solche kurzen Höhepunkte müssen durch größere Zufriedenheit gestützt werden. Wenn du also auf der Suche nach Glück bist, solltest du vielleicht einmal etwas tiefer gehen …

Tatsache ist, dass Glück aus deinem Inneren kommt. Deine Laune sollte nicht davon abhängen, was du besitzt oder wie erfolgreich du in der Liebe, Arbeit oder anderen Lebensbereichen bist. Es geht vielmehr darum, die kleinen Dinge wertzuschätzen und aus jedem einzelnen Tag das Beste zu machen.

Manche sagen, dass Fröhlichkeit flüchtig und Glück dagegen stabiler, dauerhafter ist, und nicht vorübergehend wie eine Meinung. Wenn du dir eine glückliche Grundeinstellung angewöhnen kannst, wirst du feststellen, dass sie dein Leben verändert. Dieses Buch will dir dabei helfen! Natürlich wirst du auch weiterhin Schwankungen erleben, weil Emotionen und Launen gewöhnlich kommen und gehen. Aber wenn dein emotionales Glücksgefühl gestärkt ist, kommst du gut durch die Stürme des Lebens und kannst den Sonnenschein umso mehr genießen.

Denke vor allem daran:

DU HAST DIE KRAFT, DEIN LEBEN GLÜCKLICHER ZU MACHEN

Vielleicht fragst du dich, warum wir nicht alle glücklicher sind, wenn das doch so einfach ist. Ein Teil der Antwort ist, dass wir dazu neigen, Barrieren gegen das Glück aufzubauen. Dies liegt möglicherweise an Verhaltensmustern, die auf frühere Erfahrungen zurückgehen, auf einen verstellten Blick auf uns selbst und unser Leben. Auf dem Weg zu einer echten Zufriedenheit und Erfüllung muss man diese Barrieren erkennen und überwinden.

In welcher Lebensphase du dich auch befindest, ob das Leben gut verläuft oder nicht – es gibt immer Platz für ein tiefes, langanhaltendes Glück. Dieses Buch zeigt dir, wie das geht! Es ermutigt dich, deinen Gefühlen nachzuspüren, damit du dich selbst besser kennenlernst und darüber nachdenkst, warum du dich gerade so und nicht anders fühlst. Und es enthält viele einfache Strategien und praktische Tipps, mit denen du dich besser fühlst – und das an jedem Tag.

Warum ein Joy-Journal benutzen?

Therapeuten und Psychologen empfehlen ein Stimmungs-Journal, weil

- du damit deine Stimmungen gut nachverfolgen kannst, sodass du die guten Zeiten wahrnehmen und schätzen kannst, ebenso auch schwierige Dinge, bevor sie aus dem Ruder laufen.
- es ein fantastisches Mittel ist, um sich seiner selbst sicher zu sein, was dir dabei hilft, ein größeres Selbstvertrauen zu gewinnen.
- es Zusammenhänge zwischen deinem Handeln und deiner mentalen Verfassung offenlegt und dir hilft, deine Zeit einzuteilen, damit du dich richtig gut fühlst.
- es dir Perspektiven eröffnet; denn das Aufzeichnen der Gefühle hilft dir, etwas Distanz zwischen deinen Gedanken und Reaktionen darauf zu erlangen und dich besser zu kontrollieren.
- es sich gut anfühlt! Das Aufzeichnen von Stimmungen kann selbst schon ein heilender Akt sein, so wie das Besprechen eines Problems hilfreich ist.

Und es ist kreativ: Du kannst dein Joy-Journal auf deine ganz persönliche, eigene Art gestalten.

ANLEITUNG FÜR DIESES BUCH

Dieses Buch enthält alles, was du für dein *tägliches* Glück brauchst!

1. Suche die Sticker aus

Vorne im Buch befinden sich 6 Seiten mit lustigen Stickern: Herzen, Wolken, Gesichtern ... und viele andere süße Zeichnungen, mit denen du deinen Stimmungen Ausdruck verleihen kannst.

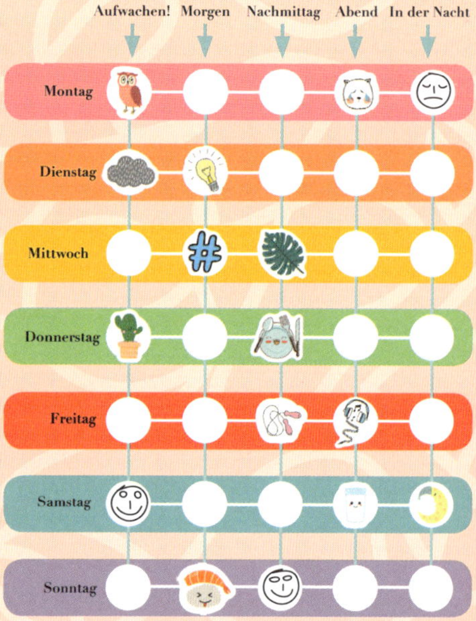

2. Verwende die Sticker für deinen ... WÖCHENTLICHEN GLÜCKSTRACKER!

Dieses Buch enthält 52 Glückstracker, einen für jede Woche des Jahres. Jede Woche ist in Tage unterteilt und jeder Tag in einzelne Zeiten, vom Aufwachen bis zum Abend und zur Nacht.

Markiere mit den Stickern die Momente, in denen sich deine Stimmung verändert – bist du fröhlich oder traurig, wütend oder verwirrt? Du kannst in die weißen Kreise auch Smileys oder missmutige Gesichter malen, zeichne etwas dazu oder male sie bunt an – vielleicht mit etwas Rot, um deinem Ärger Ausdruck zu geben, oder eine kleine gelbe Sonne als Zeichen für Zufriedenheit.

3. Organisiere dich mit den WOCHENPLANERN!

Mit den Wochenplanern behältst du den Überblick. Feiere damit deine Erfolge und stelle dir täglich kleine Herausforderungen, indem du die Kästchen abhakst, wenn du deine Ziele erreicht hast.

Fülle das zu Beginn jeder Woche aus!

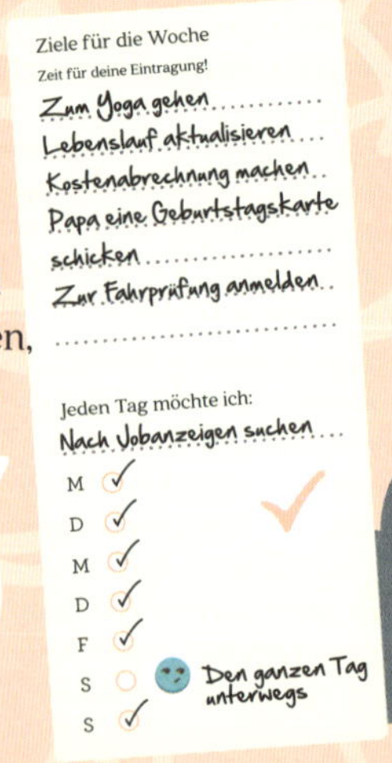

Seiten mit Tipps

In diesem Buch findest du Seiten mit nützlichen Tipps und Ideen, wie du bestimmte Situationen angehen, Lebensfreude und Selbstvertrauen gewinnen kannst. Du findest dort auch gute Hinweise, wie du deine Motivation aufrechterhalten kannst und fröhlicher wirst, wenn du nur wenig Zeit hast – etwas, was wir alle brauchen.

4. Mache eine … MONATSÜBERSICHT

Am Ende des Buches befindet sich für jeden Monat eine Monatsübersicht. Sie helfen dir, mit anregenden Stichworten und Erinnerungen nachzuvollziehen, was im Laufe eines Monats passiert ist. Bei jeder Übersicht gibt es ein Glücksdiagramm, mit dem du deine durchschnittliche Stimmung zu unterschiedlichen Tageszeiten erfassen kannst – male die Pfeile bis zum entsprechenden Glücks-Level bunt an, zeichne eine Skizze oder einen Schatten dazu. So kannst du die Muster deiner Stimmungen nachvollziehen, verstehen, welche Strategien dir helfen, und jeden Tag noch positiver angehen.

5. Betrachte … DEINE EIGENE JAHRESGRAFIK!

Am Ende befindet sich eine Grafik für das ganze Jahr. Dort gibt es für jeden einzelnen Tag ein Kästchen; male es aus und kennzeichne die Hauptstimmung jedes Tages in einer bestimmten Farbe. Das ist eine tolle Möglichkeit, um auf einen Blick zu sehen, wie sich dein Jahr entwickelt hat. So siehst du im Verlaufe der Wochen und Monate auch, wann du dich wieder neu motivieren musst.

Gehe zu Seite 157

Fülle die Grafik jeden Tag aus!

WOCHEN-PLAN

Beginne hier mit deinem Journal und starte an einem Montag!

WOCHENANFANG:

Notiere auf dieser Seite die Ziele für diese Woche und behalte deine Fortschritte im Auge. So kannst du dich gut darauf konzentrieren und deine Motivation steigern.

Wochenziele

Beginne so, wie es dir passt. Was willst du diese Woche machen?

....

....

....

....

Ich möchte jeden Tag:

....

M ○

D ○

M ○

D ○

F ○

S ○

S ○

Ich hab es geschafft!

○

○

○

○

○

○

○

Jedes Mal, wenn du etwas erreicht hast, notiere es hier und hake es im Kreis ab. Erkenne deine Erfolge!

Wünsche & Pläne

Trage hier deine Hoffnungen für diese Woche ein oder schreibe längerfristige Träume auf. Indem du diese Dinge aufschreibst, machst du dir klar, was du möchtest – das ist der erste Schritt, es zu erreichen.

....

....

....

WÖCHENTLICHER **GLÜCKS**TRACKER

Dokumentiere mit den Stickern aus diesem Buch deine Stimmungen oder zeichne eigene Emojis in die Felder. Fülle so viele davon aus, wie du möchtest.

	Aufwachen!	Morgen	Nachmittag	Abend	In der Nacht
Montag					
Dienstag					
Mittwoch					
Donnerstag					
Freitag					
Samstag					
Sonntag					

Mit dieser Tabelle kannst du die Höhen und Tiefen der Woche nachvollziehen.

WOCHEN-PLAN

WOCHENANFANG:

Ziele für diese Woche
Nutze diese Tage!

Erfolge:

Mein tägliches Ziel:

Hake die Tage ab, wenn du dein Ziel erreicht hast.

M
D
M
D
F
S
S

Was ich wirklich will
Notiere hier deine Absichten. Kannst du diese Woche kleine Schritte in diese Richtung machen?

WÖCHENTLICHER **GLÜCKSTRACKER**

Zeichne Gesichter oder Symbole, um deine Gefühle während des Tages zu kennzeichnen, oder verwende dafür die Sticker. So kannst du Stimmungsmuster besser erkennen.

	Aufwachen!	Morgen	Nachmittag	Abend	In der Nacht
Montag					
Dienstag					
Mittwoch					
Donnerstag					
Freitag					
Samstag					
Sonntag					

Hast du deinen Tag aufgezeichnet? Auf Seite 157 findest du die Jahresgrafik.

WOCHEN-PLAN

WOCHENANFANG:

Prioritäten für diese Woche
Konzentriere dich darauf.

Ich möchte jeden Tag:

M
D
M
D
F
S
S

Erfolge:

Checklisten sind nützliche Erinnerungshilfen, mit denen du dich besser kontrollieren kannst.

Langfristige Ziele
Vergiss sie nicht!

WÖCHENTLICHER GLÜCKSTRACKER

Notiere deine Stimmung an unterschiedlichen Tageszeiten mithilfe der Sticker, oder zeichne in die Kreise hinein.

	Aufwachen!	Morgen	Nachmittag	Abend	In der Nacht
Montag					
Dienstag					
Mittwoch					
Donnerstag					
Freitag					
Samstag					
Sonntag					

Die eigene Stimmung wahrzunehmen ist der erste Schritt zu positiven Veränderungen.

WOCHEN-PLAN

WOCHENANFANG:

Ziele für diese Woche
Wo liegen meine Schwerpunkte?

Erreicht:

Meine kleinen Aufgaben:

M

D

M

D

F

S

S

Wenn du an einem Tag etwas nicht schaffst, schreibe dir den Grund dafür auf, aber steck nicht den Kopf in den Sand.

Hinweise an mich selbst
Wie kannst du das Beste aus dieser Woche machen? Schreibe dir hier ein paar Hinweise dazu auf (wenn dir das zu schwierig ist, überlege, was du einem guten Freund in dieser Situation erzählen würdest).

WÖCHENTLICHER **GLÜCKSTRACKER**

Trage dein Journal immer bei dir und fülle es unterwegs oder immer am Ende des Tages aus, immer so viele Kreise, wie du möchtest.

	Aufwachen!	Morgen	Nachmittag	Abend	In der Nacht
Montag					
Dienstag					
Mittwoch					
Donnerstag					
Freitag					
Samstag					
Sonntag					

Kannst du jetzt deine erste Monatsübersicht ausfüllen? Gehe zu Seite 132.

WOCHEN-PLAN

WOCHENANFANG:

Was ist wichtig?
Zeit, sich zu konzentrieren.

Geschafft!

Ich möchte jeden Tag:

M
D
M
D
F
S
S

Was ich wirklich will
Vergiss diese Dinge nicht!

WÖCHENTLICHER **GLÜCKSTRACKER**

Betrachte die Sticker genau und überlege, welche am besten zu deinen Stimmungen passen. Wenn du keinen passenden findest, zeichne etwas!

	Aufwachen!	Morgen	Nachmittag	Abend	In der Nacht
Montag					
Dienstag					
Mittwoch					
Donnerstag					
Freitag					
Samstag					
Sonntag					

Blättere über die letzten Wochen – gibt es bestimmte Zeiten, zu denen es dir nicht so gut geht?

Suche Kontakt zu anderen
Unser Hirn ist für sozialen Kontakt gemacht, aber während manche Menschen dir Energie geben, laugen andere dich aus. Überlege, welche Kontakte du am meisten genießt und verbringe deine Zeit vor allem mit denen.

Lass deine Leidenschaft wieder aufleben
Gibt es etwas, zum Beispiel ein Hobby, das du früher mit Leidenschaft betrieben hast? Wenn du damit aufgehört hast, überlege, wie du wieder damit anfangen kannst. Auch wenn du Ausreden findest, mache heute den ersten Schritt.

Nimm dir täglich Zeit für etwas, das dir guttut!

LIEBE *dein* LEBEN

Manchmal sind wir so mit dem Alltag beschäftigt, dass wir unser Leben nicht richtig wertschätzen. Wir trotten dann jeden Tag von einer Aufgabe zur nächsten. Aber das Leben ist ein Geschenk und es gibt so viele wundervolle Dinge, an denen man sich freuen kann. Suche dir wieder etwas, das dir gefällt, und lasse dich auch auf neue Erfahrungen ein, die zu deinem Glück führen.

Sei freundlich

Freundlichkeit hilft nicht nur Anderen, du fühlst dich dadurch auch besser. Mache jeden Tag etwas ganz bewusst und mit einem Lächeln auf freundliche Weise. Du kannst dir auch eine Liste mit kleinen Nettigkeiten anlegen, die du regelmäßig verteilen möchtest.

Versuche etwas Neues

Man braucht Energie, um aus der Komfortzone herauszukommen. Schaffe dir dafür viele Gelegenheiten und probiere unterschiedliche Aktivitäten aus. Vielleicht wirst du Spaß an etwas haben, was du vorher nie in Betracht gezogen hast.

Nutze den Moment

Studien zeigen, dass man den Moment nutzen soll, an dem man einen Drang zu etwas verspürt – zum Beispiel morgens aufzustehen. Wenn du länger als 20–30 Sekunden damit wartest, ist der Moment vorbei und es wird schwerer.

Fokussiere dich auf Bedürfnisse

Wenn du nicht erreichst, was du möchtest, kann das frustrieren. Frage dich daher: „Brauche ich das wirklich?“ In den meisten Fällen ist das nicht so! Es befreit, wenn man den Unterschied zwischen Bedürfnissen und zusätzlichen Wünschen erkennt.

Lächele häufiger

Beim Lächeln werden Hormone ausgeschüttet, die dich glücklich machen. Wenn du lächelst, spüre dem schönen Gefühl von innerer Ruhe und Glück in deiner Brust nach.

WOCHEN-PLAN

WOCHENANFANG:

Absichten für diese Woche
Was steht ganz oben auf der Liste?

Ja!

Ich möchte jeden Tag:

M
D
M
D
F
S
S

Hoffnungen & Träume
Bringe sie zu Papier.

WÖCHENTLICHER GLÜCKSTRACKER

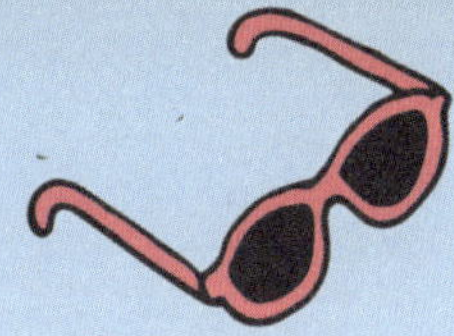

Wie füllst du den Glückstracker diese Woche aus? Verwende die Sticker, zeichne Gesichter oder kleine Bildchen, die deine Stimmung verdeutlichen.

	Aufwachen!	Morgen	Nachmittag	Abend	In der Nacht
Montag					
Dienstag					
Mittwoch					
Donnerstag					
Freitag					
Samstag					
Sonntag					

Gibt es einen Zusammenhang zwischen deiner nächtlichen Stimmung und der beim Aufwachen?

WOCHEN-PLAN

WOCHENANFANG:

Ziele der Woche
Zeit, sie abzuhaken!

Erreicht:

Meine täglichen Ziele sind:

M
D
M
D
F
S
S

Absichten & Wünsche
Schreibe sie hier auf.

Was machst du, um die Wunschliste abzuarbeiten? Unternehme diese Woche einen Schritt, der dich dem Ziel näher bringt.

WÖCHENTLICHER **GLÜCKSTRACKER**

Halte dieses Journal immer griffbereit, damit du deine Stimmung leicht eintragen kannst. Zu welcher Tageszeit bist du am fröhlichsten?

	Aufwachen!	Morgen	Nachmittag	Abend	In der Nacht
Montag					
Dienstag					
Mittwoch					
Donnerstag					
Freitag					
Samstag					
Sonntag					

Gehe zu Seite 157 und trage jeden Tag ein – welche Farbe veranschaulicht deine heutige Stimmung?

WOCHEN-PLAN

WOCHENANFANG:

Plan für diese Woche
Was ist am wichtigsten?

Super gelaufen!

Meine tägliche Herausforderung:

M
D
M
D
F
S
S

Menschen, die mir wichtig sind
Kontaktiere sie in dieser Woche.

WÖCHENTLICHER **GLÜCKSTRACKER**

Beschreibe mit den Stickern oder kleinen Skizzen in den Kreisen deine glücklichen oder unglücklichen Gefühle. Trage auch die „Es-geht-so-Stimmung“ ein.

	Aufwachen!	**Morgen**	**Nachmittag**	**Abend**	**In der Nacht**
Montag					
Dienstag					
Mittwoch					
Donnerstag					
Freitag					
Samstag					
Sonntag					

Durch das Wahrnehmen von Höhen und Tiefen erlangst du ein größeres Bewusstsein für deine Stimmungen.

WOCHEN-
PLAN

WOCHENANFANG:

Meine Schwerpunkte
Nimm diese Tage ernst!

Ich möchte jeden Tag:

M
D
M
D
F
S
S

Geschafft!

Hake die Wochenziele ab, wenn du sie erreicht hast, und notiere auch unerwartete Erfolge.

Absichten & Wünsche
Mache kleine Schritte, aber behalte das große Ziel im Blick.

WÖCHENTLICHER **GLÜCK**STRACKER

Wie dokumentierst du diese Woche deine Stimmungen?

	Aufwachen!	Morgen	Nachmittag	Abend	In der Nacht
Montag					
Dienstag					
Mittwoch					
Donnerstag					
Freitag					
Samstag					
Sonntag					

Gehe am Monatsende zu Seite 134 und vervollständige die Übersicht.

WOCHEN-PLAN

WOCHENANFANG:

Wochenziele
Zeit, sie abzuhaken!

Erfolge:

○
○
○
○
○
○
○

Jeden Tag will ich:

M ○
D ○
M ○
D ○
F ○
S ○
S ○

Was geht mich das eigentlich an?
Schreibe deine Gedanken hier auf.

WÖCHENTLICHER **GLÜCKSTRACKER**

Möchtest du den Tracker jeden Abend ausfüllen oder immer dann, wenn über Tag die Stimmung wechselt?

	Aufwachen!	Morgen	Nachmittag	Abend	In der Nacht
Montag					
Dienstag					
Mittwoch					
Donnerstag					
Freitag					
Samstag					
Sonntag					

Diese Übersicht hilft dir, einen Blick auf die schwierigen Zeiten dieser Woche zu werfen.

Stress vertreibt das Glück aus deinem Leben. Finde Wege, ihn unter Kontrolle zu bringen!

Atme

Bei Stress wird deine Atmung oberflächlich. Wenn du ein paar lange, tiefe Atemzüge nimmst, kannst du schnell und kraftvoll zur Ruhe kommen. Atme länger aus als ein, so beruhigt sich dein Herzschlag.

STRESS-KILLER

Jeder Mensch ist irgendwann mal gestresst. Kurze Stressphasen sind nicht schlimm, aber lange Phasen von Anspannung können deine Gesundheit und Fröhlichkeit beeinträchtigen. Das Leben spielt sich täglich 24 Stunden lang ab und jeder von uns verspürt viel Druck. Daher ist es wichtig, Wege zu finden, mit denen man sein Stresslevel auf ein Minimum reduzieren kann. Hier werden einfache Tipps zum Entspannen und zur Verbesserung deiner Leistungsfähigkeit und deines Wohlbefindens gegeben.

Eins nach dem Anderen

Wenn du dich überfordert fühlst, mache nicht weiter. Glaube nicht, dass du dich besser fühlst, wenn alles erledigt ist. Halte inne und mache eine Liste. Konzentriere dich dann immer nur auf eine Aufgabe und beginne mit der, die gerade am wichtigsten ist.

Bewege dich

Körperliche Bewegung hilft dir, körperlich und mental zu entspannen. Laufe, tanze, schwimme, walke oder was auch immer dich in Bewegung bringt. Achte darauf, was mit deinem Körper passiert, wenn du dich bewegst.

Habe Spaß

Wann hast du das letzte Mal etwas nur zum Spaß gemacht? Nimm dir Zeit für etwas, was dir richtig Spaß macht – so erhältst du einen willkommenen Energiekick, lächelst und baust Stress ab.

Vermeide Stressfallen

Wenn du dir Sorgen machst, lasse zu, dass du das wahrnimmst, ohne dem Pfad deiner Gedanken zu folgen. Richte deine Aufmerksamkeit auf dein Inneres und spüre, wie Ruhe von dort ausströmt.

Lass dich verwöhnen

Nimm zur Entspannung eine Massage oder Kosmetikbehandlung. Stress kann vom Körper wahr- und aufgenommen werden und physische Entspannung hilft, ihn abzubauen. Nimm dir Zeit für dich selbst, damit du dich gut fühlst!

Auszeit

Lege den Tag über regelmäßig Pausen ein und sammele deine Gedanken. Nichts kann jemals so dringend sein, als dass du dich nicht für ein paar Momente entspannen könntest.

WOCHEN-PLAN

WOCHENANFANG:

Ziele dieser Woche
Ich kann es schaffen!

Erreicht:

○
○
○
○
○
○
○

Worauf bist du diese Woche besonders stolz?

Jeder Tag wird fröhlicher, wenn ich:

M ○
D ○
M ○
D ○
F ○
S ○
S ○

Der langfristige Plan
Schreibe dein großes Ziel auf, auch wenn du das Gefühl hast, weit davon entfernt zu sein. Es im Kopf zu behalten, hilft dir, jede Gelegenheit zu nutzen, ihm ein Stück näher zu kommen.

WÖCHENTLICHER **GLÜCKSTRACKER**

Zeige mit kleinen Skizzen oder den Stickern, wie du dich zu den verschiedenen Tageszeiten fühlst. Wenn du dich nicht erinnerst, lasse den Kreis frei.

	Aufwachen!	Morgen	Nachmittag	Abend	In der Nacht
Montag					
Dienstag					
Mittwoch					
Donnerstag					
Freitag					
Samstag					
Sonntag					

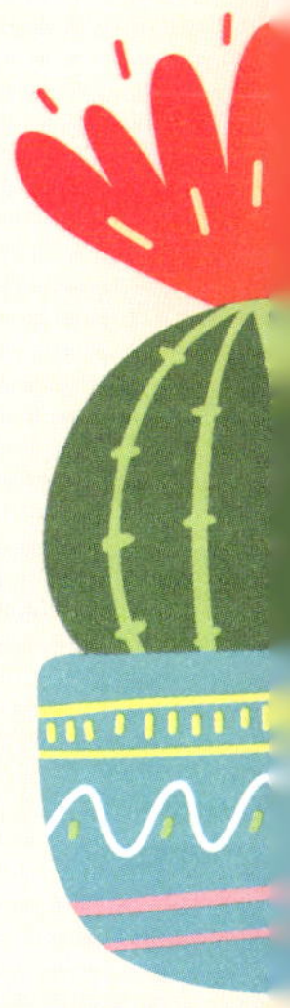

Die Höhen und Tiefen aufzuzeichnen hilft dir, dich besser kennenzulernen.

WOCHEN-PLAN

WOCHENANFANG:

Ziele dieser Woche
Was will ich schaffen?

Meine hilfreiche Angewohnheit jeden Tag ist:

- M
- D
- M
- D
- F
- S
- S

Erfolge:

Hoffnungen & Wünsche
Was ist das Beste, das diese Woche passieren könnte?

WÖCHENTLICHER GLÜCKSTRACKER

Nimm dir jeden Tag eine Auszeit zum Nachdenken und kennzeichne mit Stickern oder gezeichneten Emojis deine Stimmungen.

	Aufwachen!	Morgen	Nachmittag	Abend	In der Nacht
Montag					
Dienstag					
Mittwoch					
Donnerstag					
Freitag					
Samstag					
Sonntag					

Kannst du ein Muster erkennen, nach dem du besonders happy oder unglücklich bist?

WOCHEN-PLAN

WOCHENANFANG:

Meine Ziele
Was steht ganz oben auf der Liste?

Geschafft!

Schreibe auf diese Liste einen kleinen Gefallen, den du jemandem getan hast.

Meine tägliche Herausforderung:

M
D
M
D
F
S
S

Was ich wirklich will
Vergiss deine Träume nicht. Besprich sie mit einem Freund, der dich unterstützt. Denn eine andere Perspektive kann helfen, deine Ziele zu klären oder dir deine Fortschritte zu zeigen.

WÖCHENTLICHER **GLÜCKSTRACKER**

Wie wirst du diese Woche deine Gefühle eintragen?

	Aufwachen!	Morgen	Nachmittag	Abend	In der Nacht
Montag					
Dienstag					
Mittwoch					
Donnerstag					
Freitag					
Samstag					
Sonntag					

Ist jetzt Zeit für eine Monatsübersicht? Die dritte findest du auf Seite 136.

WOCHEN-
PLAN

WOCHENANFANG:

Ziele dieser Woche

Zeit, sie abzuhaken!

Erreicht:

Ich möchte jeden Tag:

M

D

M

D

F

S

S

Kleine Dinge, die ich mag

Liste sie hier auf. Picke dir jeden Tag etwas davon heraus.

WÖCHENTLICHER **GLÜCKSTRACKER**

Wie geht es dir an den einzelnen Tageszeiten? Kennzeichne deine Stimmung mit Stickern! Denke daran, dass du nicht jeden Kreis ausfüllen musst.

	Aufwachen!	Morgen	Nachmittag	Abend	In der Nacht
Montag					
Dienstag					
Mittwoch					
Donnerstag					
Freitag					
Samstag					
Sonntag					

Hattest du am Nachmittag einen Durchhänger oder warst du voller Power?

WOCHEN-PLAN

WOCHENANFANG:

Meine Ziele
Jeder Tag spielt eine Rolle!

Mein täglicher Vorsatz:

M
D
M
D
F
S
S

Erfolge:

Wovon ich träume ...
Fasse deine Wünsche in Worte.

WÖCHENTLICHER **GLÜCKSTRACKER**

Verfolge mit diesem Tracker deine Höhen und Tiefen sowie die mittleren Stimmungen!

Hast du eine Idee, wie du morgens fröhlicher werden könntest?

LEBE *den* AUGENBLICK

Höre auf dein Herz

Was gut für Andere ist, muss nicht unbedingt gut für dich sein. Wenn du da im Zwiespalt bist, höre auf dein Herz und achte darauf, ob du dich unwohl oder gut fühlst. Dein Gefühl ist meist ein guter Ratgeber für die beste Entscheidung.

In der Gegenwart zu leben, ist der beste Weg, um im Leben glücklich zu sein. Die meisten von uns verbringen viel Zeit damit, über die Vergangenheit nachzudenken oder sie zu bereuen sowie sich Gedanken über die Zukunft zu machen und diese zu planen. Wir befassen uns kaum mit der Gegenwart und das bedeutet, dass wir uns die ganze Tiefe unserer Erfahrungen und viele kleine Freuden, die uns jeder Tag bringt, entgehen lassen.

Denke nicht an gestern oder morgen, beginne heute zu leben

Gehe deinen Weg

Passe beim Gehen auf und spüre deinen Körper dabei. Spüre, wie sich deine Beine bewegen, damit sich deine Gedanken nicht mit anderen Dingen beschäftigen. Mache das auch bei anderen Aktivitäten, zum Beispiel beim Essen, Reden, Zuhören.

Suche Bodenhaftung

Wenn du auf deinen Körper hörst, hilft dir das, dich geerdet zu fühlen. Spüre, wie die Fußsohlen Kontakt mit dem Boden haben oder achte auf den Druck auf deinen Oberschenkeln und auf deinem Gesäß, wenn du auf einem Stuhl sitzt. Und atme!

Sei wachsam

Stelle bei deinem Handy jede Stunde ein Alarmsignal ein und erinnere dich so daran, zu überprüfen, ob du gerade bei der Sache bist oder in Gedanken verloren. Nutze diesen Moment, um dich wieder mit der Gegenwart zu verbinden.

Löse dich von der Vergangenheit

Wenn deine Gedanken an der Vergangenheit hängen, nimm das einfach wahr. Bekämpfe das nicht und übe keine Selbstkritik. Verlagere deine Aufmerksamkeit wieder in die Gegenwart, indem du um dich herum schaust und überlegst, was du gerade sehen kannst.

Lasse dich treiben

Wir wissen nicht, was hinter der nächsten Ecke lauert. Aber wir verbringen oft viel Zeit damit, darüber nachzudenken, was sein könnte. Wir kontrollieren unser Leben zu sehr, nur um die Angst vor Unbekanntem zu vermeiden. Vertraue darauf, dass du in den Griff bekommst, was dir begegnet.

Weniger ist mehr

Achte mal darauf, dass wir dazu neigen, jede Minute des Tages zu füllen. Musst du wirklich mehrmals deine Mails oder SMS checken? Wenn du auf jemanden oder etwas wartest, lass es mal zu, dass die Zeit einfach verstreicht und fülle sie nicht mit nutzlosen Beschäftigungen.

WOCHEN-PLAN

WOCHENANFANG:

Mein Sieben-Tage-Schema

Entwirf hier deine ideale Woche.

Ja!

- ○
- ○
- ○
- ○
- ○
- ○
- ○

Trage alles ein, was du diese Woche erreicht hast und hake es jeweils ab. Gut gemacht!

Das will ich jeden Tag tun:

- M ○
- D ○
- M ○
- D ○
- F ○
- S ○
- S ○

Dankbarkeit

Hast du schon einige deiner Ziele erreicht? Notiere einige Dinge in deinem Leben, für die du dankbar bist.

WÖCHENTLICHER GLÜCKSTRACKER

Das Aufzeichnen deiner Stimmungen erhöht deine Selbstwahrnehmung. Trage deinen Tag in die Grafik auf Seite 157 ein.

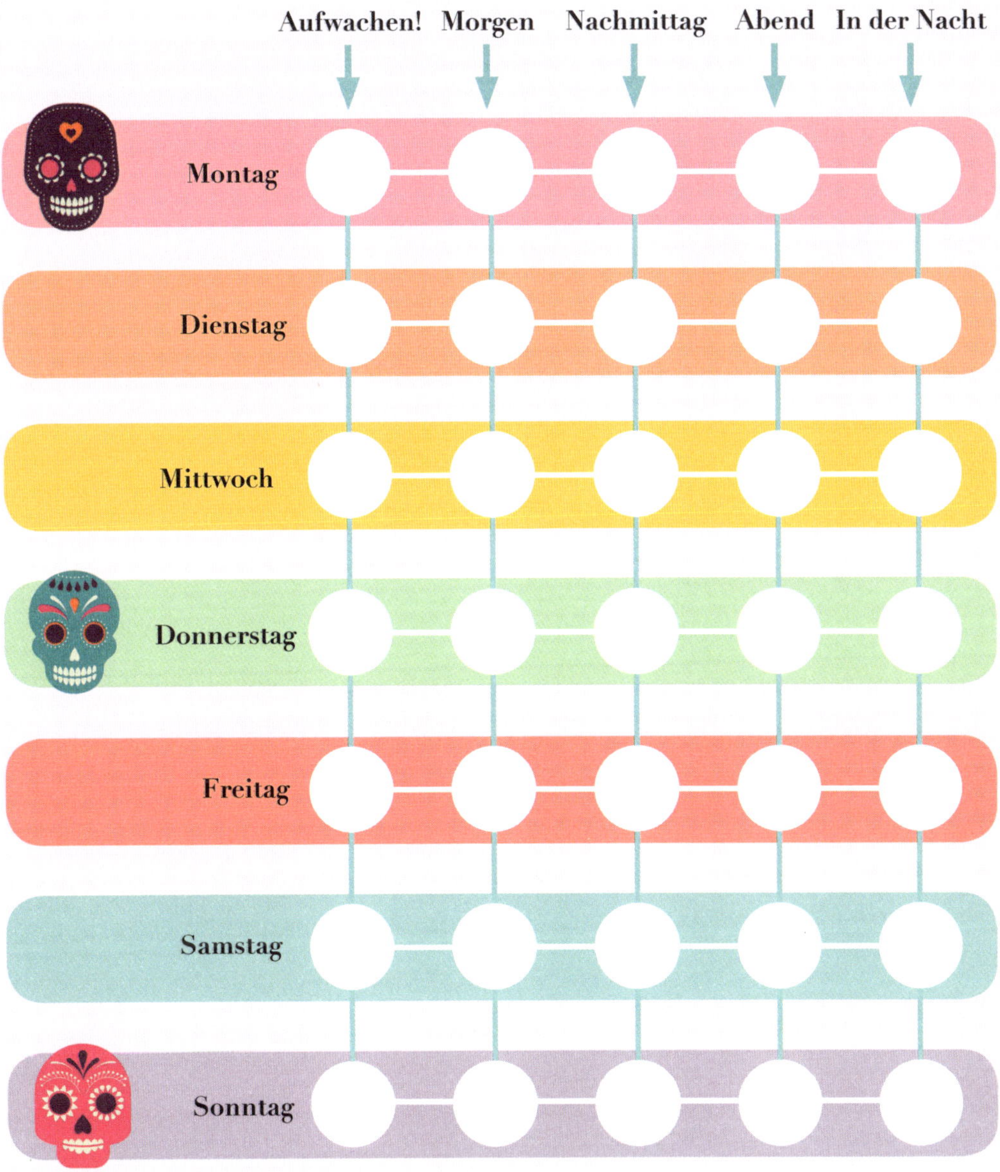

Wann ist deine glücklichste Zeit – am Morgen, Nachmittag oder Abend?

WOCHENPLAN

WOCHENANFANG:

Meine Ziele

Was kannst du in den nächsten sieben Tagen erreichen? Bleibe realistisch. Zu viele Ziele sind kontraproduktiv.

Erreicht:

- ○
- ○
- ○
- ○
- ○
- ○
- ○

Meine tägliche Herausforderung:

- M ○
- D ○
- M ○
- D ○
- F ○
- S ○
- S ○

Der langfristige Plan

Behalte ihn im Kopf.

WÖCHENTLICHER **GLÜCK**STRACKER

Ob happy oder traurig, verfolge deine Stimmungen in dieser Woche. Wenn du down bist, denke an etwas, das dein Glücksgefühl steigern kann – und tu es!

	Aufwachen!	Morgen	Nachmittag	Abend	In der Nacht
Montag					
Dienstag					
Mittwoch					
Donnerstag					
Freitag					
Samstag					
Sonntag					

Wenn du besonders niedergeschlagen bist, was tust du, um damit umzugehen?

WOCHEN-! PLAN

WOCHENANFANG:

Ziele dieser Woche

Was steht in dieser Woche ganz oben auf der Liste?

Erfolge:

- ○
- ○
- ○
- ○
- ○
- ○
- ○

Damit jeder Tag fröhlich wird, will ich:

- M ○
- D ○
- M ○
- D ○
- F ○
- S ○
- S ○

Meine Hoffnungen & Träume

Schreibe auf, wovon du unbedingt möchtest, dass es diese Woche geschieht.

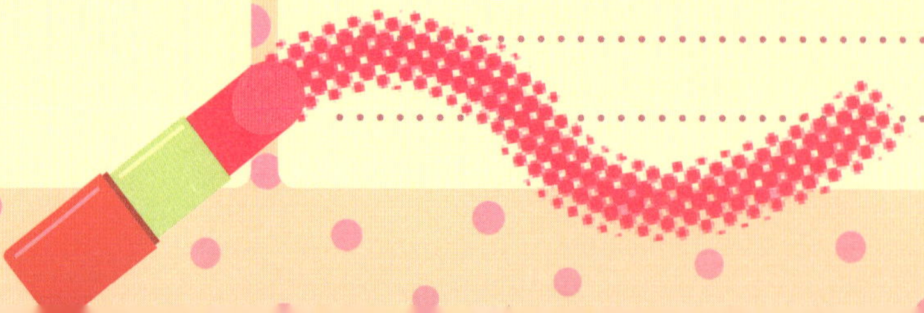

WÖCHENTLICHER **GLÜCKSTRACKER**

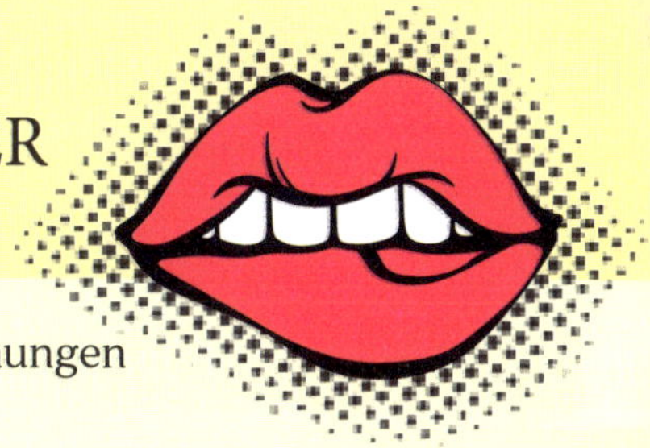

Fülle die Kreise mit Stickern, Gesichtern oder anderen Zeichnungen und notiere so deine Höhen und Tiefen.

	Aufwachen!	Morgen	Nachmittag	Abend	In der Nacht
Montag					
Dienstag					
Mittwoch					
Donnerstag					
Freitag					
Samstag					
Sonntag					

Denke daran, deine Monatsübersicht auszufüllen, du findest sie auf Seite 138.

WOCHEN-PLAN

WOCHENANFANG:

Meine Schwerpunkte
Sieben Tage, um sie zu erreichen

Geschafft:

Ich möchte jeden Tag:

M
D
M
D
F
S
S

Was ich schätze
Nimm einen Stift und schreibe alles auf, was du gerade in deinem Leben wichtig findest.

WÖCHENTLICHER GLÜCKSTRACKER

Nimm dir jeden Abend Zeit, um mit Stickern deine Stimmung einzutragen. Oder trage das Journal immer mit dir, damit du es tagsüber benutzen kannst.

	Aufwachen!	Morgen	Nachmittag	Abend	In der Nacht
Montag					
Dienstag					
Mittwoch					
Donnerstag					
Freitag					
Samstag					
Sonntag					

Denke an die schönsten drei Momente der Woche zurück. Lerne, sie zu schätzen!

WOCHEN-PLAN

WOCHENANFANG:

Ziele für diese Woche:
Was ist am wichtigsten?

....

....

....

....

....

....

....

Ja!

- ○
- ○
- ○
- ○
- ○
- ○
- ○

Meine tägliche Gewohnheit:

....

M ○

D ○

M ○

D ○

F ○

S ○

S ○

Meine Ambitionen
Lass deinen Ideen freien Lauf.

....

....

....

....

....

....

....

WÖCHENTLICHER GLÜCKSTRACKER

Dein Glückstracker gilt nur für dich. Fülle ihn aus, wann und wie es dir passt.

	Aufwachen!	Morgen	Nachmittag	Abend	In der Nacht
Montag					
Dienstag					
Mittwoch					
Donnerstag					
Freitag					
Samstag					
Sonntag					

Sieh mal, wie deine Gefühle wechseln. Auch die schlechteste Laune geht vorbei.

Hinterfragen ist wichtig
Wir denken alle negativ über uns selbst. Wenn du das nächste Mal Selbstkritik übst, frage dich, ob das wirklich richtig ist. Glaube nicht alles, was dir in den Sinn kommt!

LÖSE *die* BLOCKADEN

Häufig musst du nur dein Verhalten ändern, um fröhlicher zu sein!

Jeder hat die natürliche Gabe, glücklich zu sein, aber wir stehen uns oft selbst im Weg – ohne es zu merken. Finde einen Weg, wieder glücklich zu sein, und lerne zu erkennen, was dich davon abhält, fröhlich zu sein. Sich dieser Tatsache bewusst zu werden, ist der erste Schritt, um die Barrieren zu überwinden.

Denk um die Ecke

Wenn du durch bestimmte Umstände eingeschränkt bist, zum Beispiel durch Krankheit, denke in die umgekehrte Richtung. Fokussiere dich nicht auf das, was nicht möglich ist, sondern darauf, was geht!

Bewältige Herausforderungen

Wenn du dich mit Schwierigkeiten konfrontiert siehst, frage dich, was du brauchst, um sie zu überwinden. Wenn du die Situation aus einer Lehrer-Perspektive betrachtest, was könnte die Lehre sein?

Sei du selbst

In den sozialen Netzwerken wird die Illusion erzeugt, dass du glücklich sein kannst, wenn du dich änderst. Nimm dir regelmäßig Auszeiten von den sozialen Netzwerken und schätze dich, wie du bist.

Setze dir gesunde Grenzen

Wir müssen uns alle Grenzen setzen. Wenn du jemand bist, der es allen recht machen will, sage auch mal „nein". Wenn du aber meistens „nein" sagst, denke auch mal darüber nach, anderen entgegenzukommen.

Schließe die Lücke

Wenn du ein langfristiges Ziel hast, das dir im Augenblick unerreichbar scheint, überlege dir einen einzigen Schritt, der dich diesem Ziel näher bringt. Tue ihn dann!

WOCHEN-PLAN

WOCHENANFANG:

Ziele für diese Woche
Zeit zum Abhaken!

Erreicht:

Meine kleine Aufgabe für jeden Tag:

M
D
M
D
F
S
S

Absichten & Wünsche
Was erhoffst du dir diese Woche?

WÖCHENTLICHER **GLÜCKSTRACKER**

Wie ist deine Stimmung zu den verschiedenen Zeiten? Zeichne Gesichter oder andere Symbole oder klebe die Sticker in so viele Kreise, wie du möchtest.

	Aufwachen!	Morgen	Nachmittag	Abend	In der Nacht
Montag					
Dienstag					
Mittwoch					
Donnerstag					
Freitag					
Samstag					
Sonntag					

Bist du fröhlich oder miesepetrig, wenn du aufwachst? Ist das jeden Tag gleich?

WOCHEN-PLAN

WOCHENANFANG:

Ziele für diese Woche

Plane hier deine Woche.

....

....

....

....

....

....

....

Meine Erfolge:

- ○
- ○
- ○
- ○
- ○
- ○
- ○

In dieser Woche möchte ich jeden Tag:

....

- M ○
- D ○
- M ○
- D ○
- F ○
- S ○
- S ○

Was ich so gerne habe

Liste hier die positiven Dinge auf, die dein Leben gerade bereichern.

....

....

....

....

....

....

....

WÖCHENTLICHER GLÜCKSTRACKER

Fülle die Kreise mit Stickern oder Zeichnungen, die zu deiner Stimmung zu den verschiedenen Tageszeiten passen.

	Aufwachen!	Morgen	Nachmittag	Abend	In der Nacht
Montag					
Dienstag					
Mittwoch					
Donnerstag					
Freitag					
Samstag					
Sonntag					

Gehe zu Seite 140, um die Monatsübersicht auszufüllen.

WOCHEN-PLAN

WOCHENANFANG:

Ziele dieser Woche

Was möchte ich erreichen?

Erreichtes:

Hilfreiche Angewohnheiten:

Gewöhne dir etwas an, womit du dich gut fühlst!

M

D

M

D

F

S

S

Heimliche Hoffnungen

Atme tief durch und überlege, was du dir wünschst, das diese Woche geschehen soll. Schreibe es dann hier auf.

WÖCHENTLICHER **GLÜCKSTRACKER**

Klebe hier Sticker für jeden Moment auf, in dem du gute oder schlechte Laune hast oder wenn du gelangweilt oder frustriert bist.

	Aufwachen!	Morgen	Nachmittag	Abend	In der Nacht
Montag					
Dienstag					
Mittwoch					
Donnerstag					
Freitag					
Samstag					
Sonntag					

Überlege, was du tun kannst, um bei schlechter Stimmung deine Laune zu bessern.

WOCHEN-PLAN

WOCHENANFANG:

Wochenziele
Zeit zum Abhaken!

Geschafft:

Ich möchte täglich:

M
D
M
D
F
S
S

Geschenke
Notiere dir die kleinen Zuwendungen, die du diese Woche erhalten hast. Überlege, was dir geholfen hat, fröhlicher zu sein.

WÖCHENTLICHER GLÜCKSTRACKER

Das Aufzeichnen deiner Stimmungen hilft dir, dich besser selbst wahrzunehmen.

	Aufwachen!	Morgen	Nachmittag	Abend	In der Nacht
Montag					
Dienstag					
Mittwoch					
Donnerstag					
Freitag					
Samstag					
Sonntag					

Wie waren in dieser Woche deine Morgen? Haben sie etwas gemeinsam?

WOCHEN-PLAN

WOCHENANFANG:

Meine Schwerpunkte
Mache eine Liste!

....

....

....

....

....

....

....

Geschafft:

○
○
○
○
○
○
○

Sei stolz auf deine Erfolge!

Meine tägliche kleine Herausforderung:

....

M ○
D ○
M ○
D ○
F ○
S ○
S ○

Was ist am wichtigsten?
Unternehme den nächsten Schritt.

....

....

....

....

....

....

....

WÖCHENTLICHER **GLÜCKSTRACKER**

Welche Sticker oder Symbole verwendest du für deine Stimmungen?
Und welche Farbe trägst du für diese Woche auf Seite 157 ein?

	Aufwachen!	**Morgen**	**Nachmittag**	**Abend**	**In der Nacht**
Montag					
Dienstag					
Mittwoch					
Donnerstag					
Freitag					
Samstag					
Sonntag					

Ist in dieser Woche ein Tag besonders gut verlaufen? Frage dich, warum.

HALTE *deine* STIMMUNGEN *im* GLEICH-GEWICHT

Niemand ist ständig ausgeglichen, aber wenn du dich häufig um etwas sorgst oder schlecht fühlst, kann das dazu führen, dass du im Leben nicht glücklich wirst und nicht das tust, was für dich wichtig ist. Kleine Änderungen im Leben einzubauen und mehr auf sich selbst zu achten hilft, die eigenen Gefühle auszugleichen und gleichmäßigere Stimmungen zu erleben, anstatt ständig zwischen Hoch und Tief zu schwanken. Folgende sieben Verhaltensweisen sollten einen wichtigen Bestandteil in deiner Woche einnehmen …

Körper und Geist hängen voneinander ab – behandle sie beide liebevoll

Guter Schlaf
Sorge für ausreichend Schlaf (acht Stunden im Durchschnitt pro Nacht) und regelmäßige Aufwach- und Einschlafzeiten. Schalte elektronische Geräte zwei Stunden vor dem zu Bett gehen aus – ihr Licht übermittelt deinem Hirn die Botschaft, dass noch Tag ist und lässt dich nicht abschalten.

Regelmäßiger Sport
Sport wirkt sich ausgleichend auf das Gemüt aus, integriere ihn daher in jeden Tagesablauf. Mit ein paar Workouts fühlst du dich fitter und energievoller, sie halten dich auch vom Grübeln ab.

Geh raus
Die Natur wirkt ausgleichend. Selbst ein kurzer Spaziergang sorgt für Wohlbefinden und vertreibt schlechte Laune. Wenn du nicht in den Wald gehen kannst, geh in den nächsten Park und freue dich an den Bäumen und dem Himmel.

Höre Musik
Schalte deinen Lieblingssong ein, wenn du neue Motivation brauchst und bewege dich ruhig dazu. Probiere es mal mit verschiedenen Musikstilen, auch mit Klassik.

Esse dich glücklich
Setze dich zum Essen hin und stopfe nicht unterwegs etwas in dich hinein. Nimm dir zunächst eine kurze Pause und sei dankbar für die Mahlzeit. So isst du langsamer und das Essen ist angenehmer.

Entdecke die Meditation
Meditation zur Beruhigung ist wundervoll. Es gibt viele verschiedene Arten davon. Schließe einfach mal deine Augen und konzentriere dich auf deine Atmung – zähle leise die Atemzüge von eins bis zehn (starte von Neuem, wenn du dich verzählst).

Sprich es aus
Wenn du dich schlecht fühlst, spreche mit jemandem darüber, dem du vertraust. Sprechen kann dir helfen, negative Gefühle zu verbessern, wenn du dich dabei nicht verurteilt fühlst. Bitte die Person, einfach zuzuhören, ohne Lösungen anzubieten (außer natürlich, wenn du einen Rat möchtest).

WOCHEN-PLAN

WOCHENANFANG:

Ziele für diese Woche
Nimm diese Tage ernst!

Was ist der Schlüsselmoment auf dieser Liste? Setze einen Schwerpunkt und tue das, was gerade am wichtigsten ist.

Getan!

Mein täglicher Vorsatz:

M
D
M
D
F
S
S

Meine Ziele
Vergiss sie im Laufe der Woche nicht. Passt das, was du tust, zu dem, was du vom Leben erwartest?

WÖCHENTLICHER **GLÜCKS**TRACKER

Kennzeichne deine Stimmungen mit Stickern oder zeichne Emojis. Wenn du dich deiner Gefühle vergewisserst, kannst du besser positiv handeln.

	Aufwachen!	Morgen	Nachmittag	Abend	In der Nacht
Montag					
Dienstag					
Mittwoch					
Donnerstag					
Freitag					
Samstag					
Sonntag					

Nutze das Ausfüllen des Journals für eine Auszeit und denke darüber nach.

WOCHEN-PLAN

WOCHENANFANG:

Meine Ziele
Zeit zum Abhaken!

Erreicht:

○
○
○
○
○
○
○

Jeder Tag wird fröhlicher, wenn ich:

M ○
D ○
M ○
D ○
F ○
S ○
S ○

Hoffnungen & Wünsche
Mach dir klar, was du für diese Woche erwartest, oder auch für später.

WÖCHENTLICHER **GLÜCKSTRACKER**

Wie ist deine Stimmung, wenn du aufwachst? Zeichne es oder klebe den passenden Sticker auf.

	Aufwachen!	Morgen	Nachmittag	Abend	In der Nacht
Montag					
Dienstag					
Mittwoch					
Donnerstag					
Freitag					
Samstag					
Sonntag					

Fülle am Monatsende auf Seite 142 deine sechste Monatsübersicht aus.

WOCHEN-PLAN

WOCHENANFANG:

Wöchentliches Protokoll
Nimm diese Tage ernst!

Überlege, was du dir für diese Woche vornimmst. Kennzeichne die wichtigsten drei Dinge mit *.

Mein tägliches Ziel:

M
D
M
D
F
S
S

Erfolge:

Für mich
Nutze diesen Platz und notiere einen Film, den du sehen möchtest, ein Buch, das du lesen willst, oder etwas anderes, das du tun möchtest. Realisiere dann mindestens eins davon in dieser Woche.

WÖCHENTLICHER **GLÜCKSTRACKER**

Verwende die Sticker oder werde selbst kreativ, um deine Höhen und Tiefen zu kennzeichnen. Vergiss nicht, jeden Tag auch auf Seite 157 einzutragen.

	Aufwachen!	Morgen	Nachmittag	Abend	In der Nacht
Montag					
Dienstag					
Mittwoch					
Donnerstag					
Freitag					
Samstag					
Sonntag					

Gibt es Tageszeiten, an denen du immer sehr happy oder traurig bist?

WOCHEN-PLAN

WOCHENANFANG:

Schwerpunkte für diese Woche
Konzentriere dich darauf!

....

....

....

....

....

....

....

Erfolge:

○

○

○

○

○

○

○

Ich möchte jeden Tag:

....

M ○

D ○

M ○

D ○

F ○

S ○

S ○

Meine Lieben
Verbringst du diese Woche Zeit mit den Menschen, die dir am liebsten sind? Wenn nicht, melde dich bei ihnen.

....

....

....

....

....

....

....

WEEKLY **JOY** REVIEW

Welches Emoji verdeutlicht deine Stimmung zu den einzelnen Tageszeiten?

	Aufwachen!	Morgen	Nachmittag	Abend	In der Nacht
Montag					
Dienstag					
Mittwoch					
Donnerstag					
Freitag					
Samstag					
Sonntag					

Füllst du dein Journal immer zu einer bestimmten Zeit aus?

WOCHEN-
PLAN

WOCHENANFANG:

Wochenziele
Welches sind meine Schwerpunkte?

Getan!

Kleine Aufgabe für jeden Tag:

M

D

M

D

F

S

S

Das macht mich happy
Notiere, was dir im Leben gerade am wichtigsten ist.

WÖCHENTLICHER **GLÜCKSTRACKER**

Klebe für diese Woche die zu deinen Gefühlen passenden Sticker ein oder zeichne etwas! Vergiss nicht, jeden Tag auf Seite 157 einzutragen!

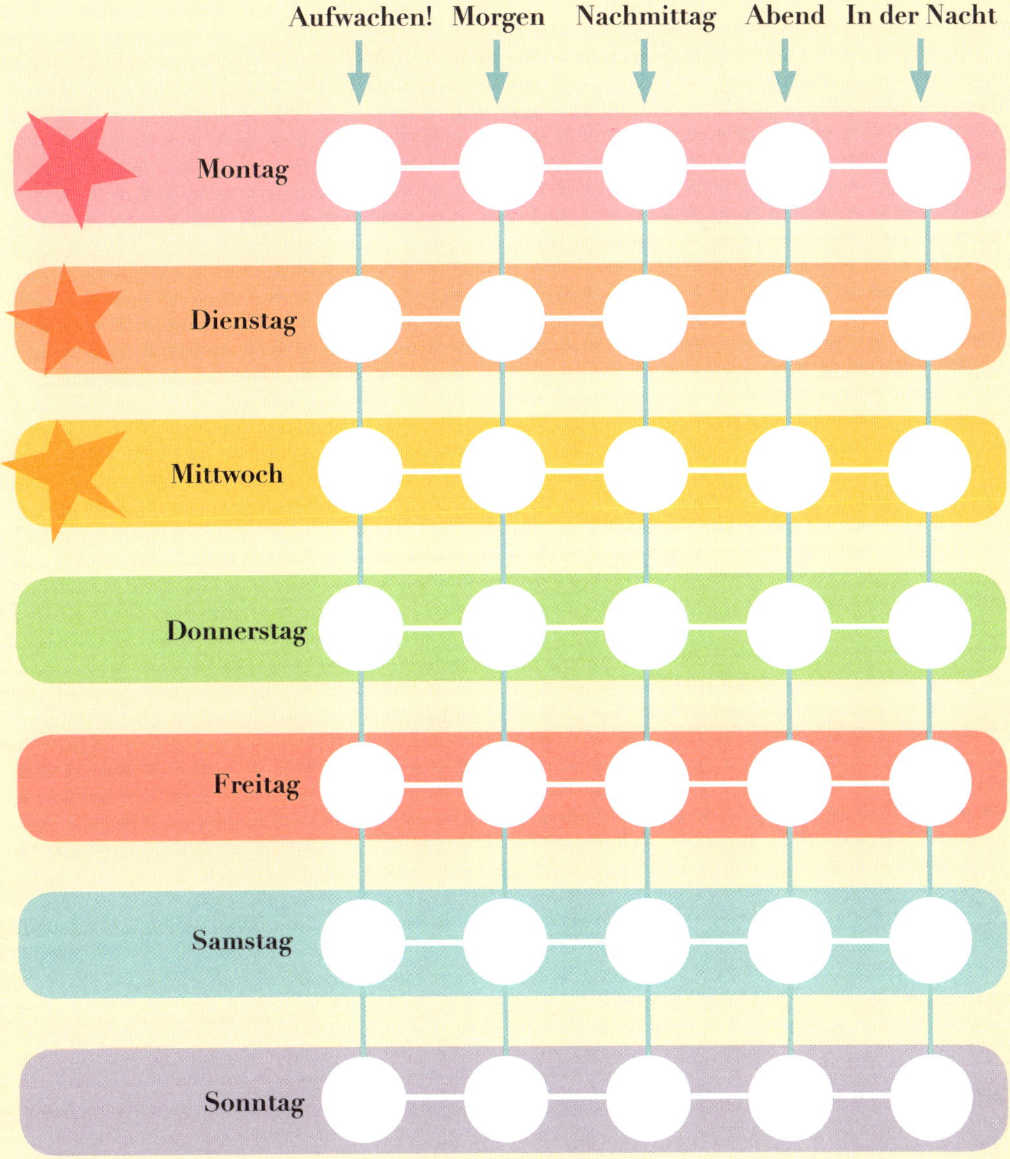

Wenn du dir den Tracker ansiehst, was war der schönste Tag in dieser Woche?

VERZICHTE *auf* BEWERTUNGEN

Warum lösen sich manche Menschen besser von Schwierigkeiten als andere? Einer der Schlüssel lautet Akzeptanz. Wir akzeptieren etwas nicht, weil wir es bewerten, zum Beispiel so: „Das negative Ereignis ist mir passiert und deswegen ist jetzt mein Leben ruiniert." Akzeptanz meint, nicht zu urteilen und die Realität so zu nehmen wie sie ist. Wenn du auf eine Bewertung verzichtest, wirst du täglich mehr Ruhe und Glück empfinden.

Nimm deine Gefühle an

Versuche nicht, deine Gefühle als gut oder schlecht einzustufen – das kann Stress verursachen, weil es zu Gedanken führt wie „ich sollte so nicht fühlen". Versuche, deine Gefühle zu benennen – mit Wut, Enttäuschung, Freude, Ruhe – und akzeptiere sie.

Erkenne den Unterschied

Eine Situation zu akzeptieren heißt nicht, dass du damit einverstanden bist oder sie dir gefällt. Bedenke, dass du anderer Meinung oder unzufrieden mit einer Situation sein, die Dinge aber dennoch akzeptieren kannst, wie sie sind.

Lass Fehler zu

Die Angst vor Fehlern kann dich zurückhalten. Aber jeder Mensch macht Fehler! Der Trick ist, darin eine Chance zum Lernen zu sehen. So wie ein Kleinkind beim Laufenlernen immer wieder hinfällt und aufsteht, können Fehler auch zum Erfolg führen.

Akzeptiere dich selbst
Lass negative Urteile über dein Aussehen, deine Erscheinung oder andere Aspekte von dir beiseite. Ignoriere falsche Annahmen, dass du nicht gut genug bist, sei aufrichtig dir selbst gegenüber und akzeptiere dich wie du bist.

Alles verändert sich
Wenn etwas schwer zu akzeptieren ist, bedenke, dass sich auch die Natur mit den Jahreszeiten verändert, und sich alles bewegt – nichts ist statisch. In welcher Situation du dich auch befindest oder welche schwierigen Gefühle du auch hast, all dies wird sich auch ändern.

Akzeptiere jeden Moment so, wie er kommt, und nimm dich selbst an.

Nimm Komplimente an
Es ist genau so wichtig, die guten Dinge im Leben anzunehmen wie die schlechten. Wie gut nimmst du Komplimente an? Suchst du nach Ausreden oder redest du sie klein? Versuche, Komplimente mit Würde anzunehmen.

Überprüfe Erwartungen
Wir leben in einer Zeit, in der vieles möglich ist und wir daher hohe Erwartungen an unser Leben stellen. Das kann zu Enttäuschungen führen, wenn etwas nicht klappt. Erwartungen zu überprüfen hilft dir, zufrieden zu sein.

WOCHEN-PLAN

WOCHENANFANG:

Was ist diese Woche wichtig?
Konzentriere dich darauf.

Ich hab's geschafft!

Was ist das Beste, das du diese Woche erreicht hast?

Jeden Tag möchte ich:

M
D
M
D
F
S
S

Heimliche Ziele
Behalte sie im Auge!

WÖCHENTLICHER **GLÜCKS**TRACKER

Betrachte die Sticker und überlege, welche am besten zu deinen Stimmungen passen, oder zeichne eigene Emojis.

	Aufwachen!	Morgen	Nachmittag	Abend	In der Nacht
Montag					
Dienstag					
Mittwoch					
Donnerstag					
Freitag					
Samstag					
Sonntag					

Vergiss nicht, diesen Monat die Übersicht auf Seite 144 auszufüllen.

WOCHEN-PLAN

WOCHENANFANG:

Meine Ziele
Was steht diese Woche ganz oben auf der Liste?

Erreicht:

○
○
○
○
○
○
○

Ich möchte jeden Tag:

M ○
D ○
M ○
D ○
F ○
S ○
S ○

Wofür bin ich dankbar?
Fülle dies sorgfältig aus!

WÖCHENTLICHER **GLÜCKSTRACKER**

Trage dieses Journal immer mit dir, damit du deine Stimmungen leicht eintragen kannst, oder nimm dir am Ende des Tages Zeit dafür.

	Aufwachen!	Morgen	Nachmittag	Abend	In der Nacht
Montag					
Dienstag					
Mittwoch					
Donnerstag					
Freitag					
Samstag					
Sonntag					

Gibt es einen Zusammenhang zwischen deiner Stimmung in der Nacht und beim Aufwachen?

WOCHEN-PLAN

WOCHENANFANG:

Ziele für diese Woche
Zeit zum Abhaken!

Wenn dir ein Ziel unerreichbar scheint, unterteile es in erreichbare Einzelschritte und beginne mit dem ersten.

Erfolge:

Mein tägliches Ziel:

M

D

M

D

F

S

S

Meine Motivation
Schreibe auf, was dir hilft, wenn du dich down fühlst.

WÖCHENTLICHER **GLÜCKSTRACKER**

Wie füllst du diesen Tracker in dieser Woche aus? Wie auch immer, genieße es. Es macht Spaß, die eigene Stimmung grafisch umzusetzen!

Atme tief durch, bevor du einen Sticker nimmst, und folge deinen Instinkten.

WOCHEN-PLAN

WOCHENANFANG:

Plan für diese Woche
Was ist am wichtigsten?

Super gelaufen!

Meine tägliche Herausforderung:

M
D
M
D
F
S
S

Meine wahren Ziele
Spüre ihnen innerlich nach!

WÖCHENTLICHER **GLÜCKSTRACKER**

Kennzeichne dein Glück, deine Traurigkeit und auch die Stimmungen dazwischen mit den Stickern oder mit deiner eigenen Kreativität.

	Aufwachen!	Morgen	Nachmittag	Abend	In der Nacht
Montag					
Dienstag					
Mittwoch					
Donnerstag					
Freitag					
Samstag					
Sonntag					

Der Tracker baut sich zu einem Bild deiner Woche auf – wie sieht es aus?

WOCHEN-PLAN

WOCHENANFANG:

Meine Schwerpunkte in dieser Woche
Darauf kommt es an!

Starte mit der dringendsten Sache.

Ich möchte jeden Tag:

M
D
M
D
F
S
S

Geschafft!

Wofür ich dankbar bin
Schreibe die positiven Dinge auf, die dein Leben gerade bereichern.

WÖCHENTLICHER **GLÜCKSTRACKER**

Indem du deine Höhen und Tiefen hier aufschreibst, steigerst du deine Selbstwahrnehmung.

	Aufwachen!	Morgen	Nachmittag	Abend	In der Nacht
Montag					
Dienstag					
Mittwoch					
Donnerstag					
Freitag					
Samstag					
Sonntag					

Vervollständige am Monatsende die Übersicht auf Seite 146.

STÄRKE *dein* SELBSTVERTRAUEN

Wenn du zögerst, etwas Neues auszuprobieren, liegt das vielleicht daran, dass du dich unterschätzt und nicht glaubst, dass es dir gelingt. Fehlendes Selbstvertrauen kann dich davon abhalten, deine Träume zu verwirklichen, und wirkt selbstzerstörerisch, was dein Glück betrifft. Arbeite an deinem Selbstvertrauen und du kannst dich leichter so nehmen, wie du bist, ohne über dich zu urteilen.

Setze dich an erste Stelle
Meist weißt du genau, was du tun musst, um dich besser zu fühlen. Aber irgendwie verdrängst du das und stellst deine eigenen Bedürfnisse hinten an. Bedenke, dass du genau so wichtig bist wie jeder andere auch, und achte darauf, dass es dir gut geht.

Überwinde falsche Vorstellungen
Wenn du bemerkst, dass du negative Vorstellungen abrufst, wie etwa „Ich kann nichts richtig machen“ oder „Ich bin ein echter Loser“, hör auf damit! Vergiss nicht, dass du solchen negativen Gedanken nicht glauben solltest.

Richte dich auf und glaube an dich!

Sei nachsichtig mit dir
Hast du mal darauf geachtet, wie du mit dir selbst sprichst? Schimpfst du mit dir, wenn du einen Fehler machst oder machst du dir Vorwürfe für alles, was falsch läuft? Sprich höflich mit dir, wie du das auch mit anderen tun würdest.

Lerne dich kennen

Manchmal liegt die Ursache von fehlendem Selbstbewusstsein in der mangelnden Kenntnis über sich selbst. Im Leben präsent zu sein führt zu stärkerer Selbstwahrnehmung, sodass du dich selbst besser kennen lernst. Achte darauf, was dich antreibt.

Sei mutig

Wenn du etwas ungern machst, von dem du weißt, dass es dir gut tut, gib dir einen Ruck und mache es trotzdem. Indem du dich mit deinen Ängsten konfrontierst, kannst du mehr Selbstbewusstsein entwickeln. Wenn du vermeidest, wovor du Angst hast, wirst du nie herausfinden, was möglich ist.

Entwickele Ausdauer

Wenn du leicht auf die Kommentare anderer reagierst und dir ihre Gefühle zu Herzen nimmst, musst du deine Selbstbehauptungskräfte stärken. Lasse Kommentare oder Kritik an dir abprallen und nicht dein Handeln beeinflussen.

WOCHENPLAN

WOCHENANFANG:

Wochenziele
Zeit zum Abhaken!

Ja!

○
○
○
○
○
○
○

Ich möchte jeden Tag:

M ○
D ○
M ○
D ○
F ○
S ○
S ○

Vergiss nicht, deinen Tag in die Grafik auf Seite 157 einzutragen!

Was ist am wichtigsten für mich?
Notiere, wie du Fortschritte machen kannst – immer einen Schritt nach dem anderen.

WÖCHENTLICHER **GLÜCKSTRACKER**

Trage dein Journal immer mit dir oder klebe die Sticker und zeichne Symbole am Ende des Tages ein, so wie es dir am besten passt.

	Aufwachen!	**Morgen**	**Nachmittag**	**Abend**	**In der Nacht**
Montag					
Dienstag					
Mittwoch					
Donnerstag					
Freitag					
Samstag					
Sonntag					

Betrachte den Tracker am Ende der Woche und sieh, ob es hier Trends gibt.

WOCHEN-
PLAN

WOCHENANFANG:

Ziele dieser Woche
Ich kann es schaffen!

....

....

....

....

....

....

....

Erreicht:

- ○
- ○
- ○
- ○
- ○
- ○
- ○

Ich bin jeden Tag fröhlicher, wenn ich:

....

- M ○
- D ○
- M ○
- D ○
- F ○
- S ○
- S ○

Langfristiger Plan
Schreibe ihn auf und beginne gleich damit.

....

....

....

....

....

....

....

WÖCHENTLICHER **GLÜCKSTRACKER**

Zeichne mit dem Tracker deine Gefühle an den verschiedenen Tageszeiten auf.

	Aufwachen!	Morgen	Nachmittag	Abend	In der Nacht
Montag					
Dienstag					
Mittwoch					
Donnerstag					
Freitag					
Samstag					
Sonntag					

Wenn du deine Höhen und Tiefen aufzeichnest, kannst du dich selbst besser kennenlernen.

WOCHEN-PLAN

WOCHENANFANG:

Ziele dieser Woche
Welche sind am wichtigsten?

Erreicht:

Meine positive tägliche Gewohnheit:

M

D

M

D

F

S

S

Hoffnungen & Wünsche
Fasse sie in Worte!

WÖCHENTLICHER **GLÜCKSTRACKER**

Halte inne, denke nach und wähle einen Sticker aus, der zu deiner Stimmung passt. Wenn du keinen passenden findest, zeichne deinen eigenen Emoji!

	Aufwachen!	**Morgen**	**Nachmittag**	**Abend**	**In der Nacht**
Montag					
Dienstag					
Mittwoch					
Donnerstag					
Freitag					
Samstag					
Sonntag					

Gibt es ein Muster, wann du besonders happy oder niedergeschlagen bist?

WOCHEN-PLAN

WOCHENANFANG:

Meine Ziele
Jeder Tag sollte zählen!

Mit realistischen Zielen erreichst du besser Ergebnisse!

Geschafft!

Meine tägliche Herausforderung:

M
D
M
D
F
S
S

Was ich wirklich will
Behalte deine Träume im Kopf.

WÖCHENTLICHER GLÜCKSTRACKER

Wie möchtest du deine Gefühle eintragen? Du musst nur so viele Kreise ausfüllen wie du willst.

	Aufwachen!	Morgen	Nachmittag	Abend	In der Nacht
Montag					
Dienstag					
Mittwoch					
Donnerstag					
Freitag					
Samstag					
Sonntag					

Jetzt solltest du deine neunte Monatsübersicht ausfüllen – siehe Seite 148.

WOCHEN-PLAN

WOCHENANFANG:

Ziele für diese Woche
Zeit zum Abhaken!

Erreicht:

Diese Woche möchte ich jeden Tag:

M
D
M
D
F
S
S

Meine Happy-Liste
Schreibe auf, was dich aufbaut!

Wenn du dich auf die positiven Veränderungen konzentrierst, werden deine Gedanken von dem, was nicht erreicht wurde, auf die Erfolge gelenkt.

WÖCHENTLICHER **GLÜCKSTRACKER**

Wie geht es dir an den unterschiedlichen Tageszeiten? Fülle so viele Kreise aus wie du willst, um zu verdeutlichen, wann du dich happy, niedergeschlagen oder so lala fühlst.

	Aufwachen!	**Morgen**	**Nachmittag**	**Abend**	**In der Nacht**
Montag					
Dienstag					
Mittwoch					
Donnerstag					
Freitag					
Samstag					
Sonntag					

Hast du am Nachmittag einen Durchhänger oder bist du voller Energie?

SCHÜTTLE *die* SORGEN *ab*

Lass negative Gedanken an ihrem Platz!

Sich ein wenig zu sorgen ist normal. Angst ist ein Überlebensmechanismus, der Sicherheit garantiert. So könntest du zum Beispiel die Straße überqueren, ohne vorher nach rechts und links zu blicken, wenn du keine Angst hättest. Ängste können dir auch mitteilen, wenn etwas nicht richtig ist und du eine Situation verändern musst. Aber Ängste können auch ausufern und wertvolle Zeit und Energie verschwenden. Entrümpele deinen Kopf und miste die Sorgen aus, so wirst du frei für Glückserfahrungen.

Entspanne deinen Körper

Sorgen führen zu körperlicher Anspannung, aber relaxen kann helfen, die Sorgen zu vertreiben. Yoga und Pilates sind tolle Möglichkeiten der Entspannung.

Schaffe Klarheit

Oft sorgt man sich um etwas, was nur sehr unwahrscheinlich eintritt. Fordere dich heraus und frage dich „Was geschieht im schlimmsten Fall?“ Meist ist das Schlimmste nicht so schlimm wie deine Befürchtungen.

Betrachte die Dinge nüchtern

Denke mal 10, 20 oder 30 Jahre in die Zukunft. Wie wichtig werden dann deine jetzigen Sorgen sein? Wahrscheinlich spielen sie dann keine Rolle mehr.

Du bist jetzt sicher

Normalerweise sorgt man sich um etwas, das schon geschehen ist, was man nicht ändern kann, oder um etwas, das noch geschehen wird, was wir nicht vorhersehen können. Erinnere dich daran, dass du jetzt sicher bist. Sag es dir vor: „Mir geht es gut“ oder „Ich bin sicher“.

Verzeihe anderen und dir selbst

Einen Groll hegen erzeugt eine Last, die du mit dir herumträgst und deine Sorgen noch verschlimmern kann. Verzeihe anderen und auch dir selbst, wenn du das Gefühl hast, anderen Unrecht getan zu haben.

Lege eine Sorgen-Zeit fest

Lege dir eine bestimmte Zeit zum Sorgenmachen fest, zum Beispiel immer um 19 Uhr für 10 Minuten. Wenn dann zu anderen Zeiten Sorgen aufkommen, erinnere dich daran, sie auf später zu verschieben!

Fertige eine Liste an

Wenn dich Sorgen vom Schlaf abhalten, schreibe sie vor dem zu Bett gehen auf eine Liste. Wenn sie zu Papier gebracht sind, weißt du, dass du sie nicht mehr vergisst, und kannst dich besser davon lösen.

WOCHEN-PLAN

WOCHENANFANG:

Was ist das Hauptziel?
Entwirf deine ideale Woche!

Meine Absicht für jeden Tag:

M

D

M

D

F

S

S

Erfolge:

Mir wichtige Personen
Triff sie, schreibe ihnen oder rufe sie an!

WÖCHENTLICHER **GLÜCKSTRACKER**

Mit dieser Grafik kannst du während der Woche deine Höhen und Tiefen verfolgen. Wie sehen deine Abende aus?

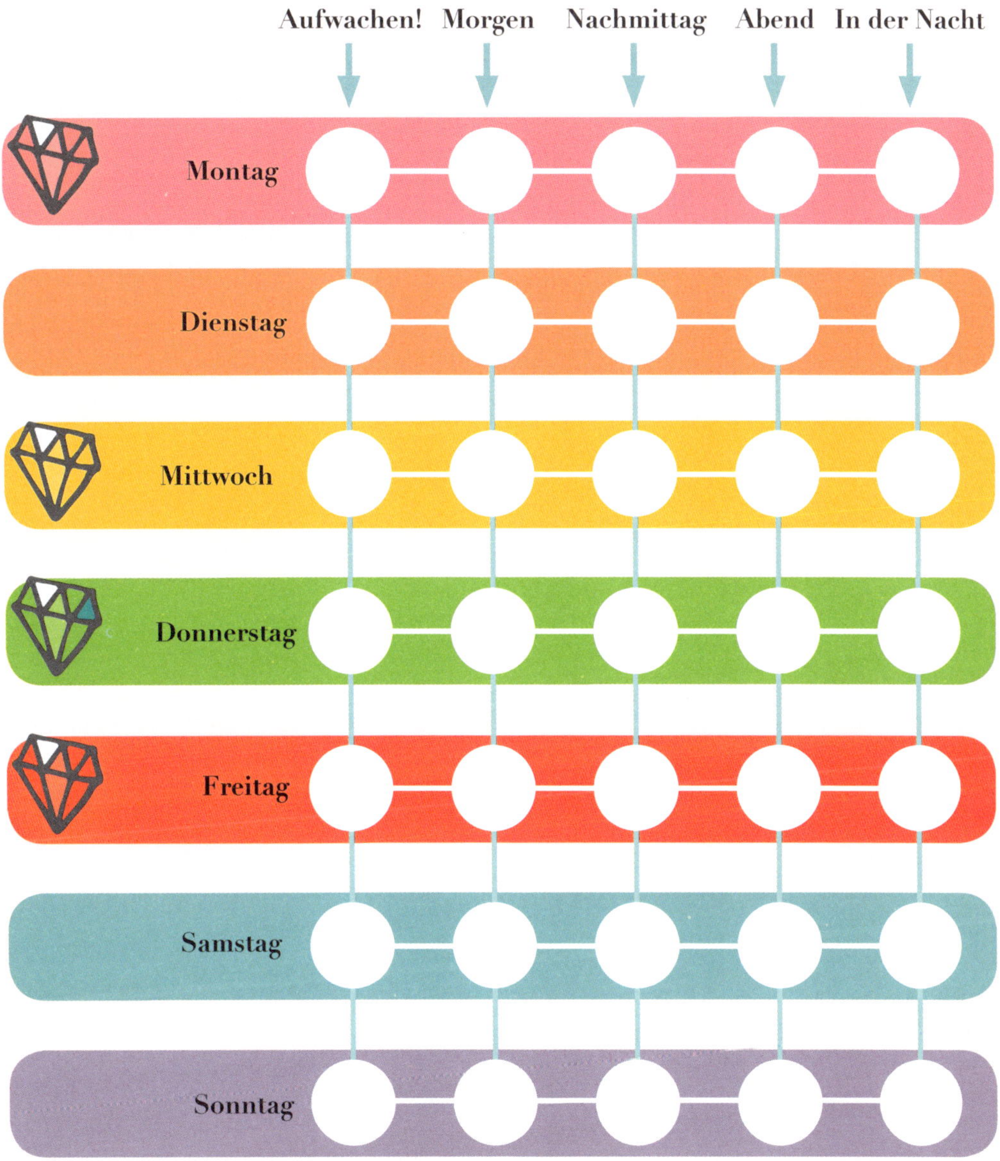

Gibt es einen Zusammenhang zwischen der Art, wie du deinen Abend verbringst, und deinem Schlaf?

WOCHEN-PLAN

WOCHENANFANG:

Mein Sieben-Tage-Plan
Was für Ziele hast du für diese Woche?

JA!

Damit jeder Tag besser wird, will ich:

M
D
M
D
F
S
S

Geheimste Wünsche
Was möchte ich wirklich?

WÖCHENTLICHER **GLÜCKSTRACKER**

Klebe für deine Höhen und Tiefen Sticker auf und steigere so deine Selbstwahrnehmung. Vergiss nicht, jeden Tag in die Grafik auf Seite 157 einzutragen.

	Aufwachen!	Morgen	Nachmittag	Abend	In der Nacht
Montag					
Dienstag					
Mittwoch					
Donnerstag					
Freitag					
Samstag					
Sonntag					

Welches ist deine beste Tageszeit – der Morgen, Nachmittag oder Abend?

WOCHEN-PLAN

WOCHENANFANG:

Meine Ziele
Sieben Tage können viel ändern.

Erreicht:

Meine tägliche Herausforderung:

M
D
M
D
F
S
S

Meine Stärken
Bringe sie zu Papier.

Wenn du es schwierig findes
dich selbst zu lob
frage einen gut
Freund, welch
für deine bes
Qualitäten h

WÖCHENTLICHER **GLÜCKSTRACKER**

Klebe Sticker in die Kreise oder zeichne etwas hinein, um aufzuzeigen, wie du dich zu den verschiedenen Tageszeiten fühlst.

	Aufwachen!	Morgen	Nachmittag	Abend	In der Nacht
Montag					
Dienstag					
Mittwoch					
Donnerstag					
Freitag					
Samstag					
Sonntag					

Sieh dir den Tracker noch einmal an, bevor du die Monatsübersicht auf Seite 150 ausfüllst.

WOCHEN-PLAN

WOCHENANFANG:

Meine Ziele
Was kann ich erreichen?

Erfolge:

Wenn du ein Ziel erreichst oder etwas gut machst, sei stolz auf dich!

Meine tägliche Absicht

M
D
M
D
F
S
S

Was ich brauche
Schreibe einige positive Dinge auf, die dein Wohlbefinden steigern.

WÖCHENTLICHER GLÜCKSTRACKER

Trage dein Journal mit dir und vervollständige es unterwegs, oder fülle die Kreise am Ende jedes Tages aus. Du musst nur so viele ausfüllen, wie du möchtest.

	Aufwachen!	Morgen	Nachmittag	Abend	In der Nacht
Montag					
Dienstag					
Mittwoch					
Donnerstag					
Freitag					
Samstag					
Sonntag					

Wenn du besonders oft trüber Stimmung bist, was kannst du dagegen tun?

WOCHEN-PLAN

WOCHENANFANG:

Meine Schwerpunkte

Was steht diese Woche ganz oben auf der Liste?

Erreicht:

○
○
○
○
○
○
○

Ich möchte jeden Tag:

M ○
D ○
M ○
D ○
F ○
S ○
S ○

Hoffnungen & Träume

Schreibe sie auf.

WÖCHENTLICHER **GLÜCKSTRACKER**

Trage deine Glücksgefühle und traurigen Stimmungen mit den Stickern oder eigenen Zeichnungen in die Kreise ein. Notiere auch mittelmäßige Gefühle.

	Aufwachen!	Morgen	Nachmittag	Abend	In der Nacht
Montag					
Dienstag					
Mittwoch					
Donnerstag					
Freitag					
Samstag					
Sonntag					

Denke an drei besonders schöne Momente dieser Woche zurück und würdige sie noch einmal.

VERÄNDERE ETWAS

auch wenn du keine Zeit hast

Eine der größten Herausforderungen ist der Zeitmangel. Wir alle wissen, dass es Anstrengungen bedarf, unsere Gewohnheiten zu ändern, aber wir wollen auch Erfolge, und zwar schnell! Wie kannst du also Veränderungen herbeiführen, die dir helfen, dass du bald glücklicher bist? Hier sind einige Vorschläge, mit denen du auch bei knapper Zeit dein Leben ändern kannst.

Kleine Veränderungen können für dein Befinden einen großen Unterschied bewirken.

Fange klein an

Setze dir ein einfaches Ziel, etwas, das du leicht erreichen kannst, wie zum Beispiel drei Tage lang tief durchzuatmen, wenn du aufwachst. Wenn du eine kleine Veränderung erreichst, stärkt das dein Selbstvertrauen und ermuntert dich weiterzumachen.

Ändere deine Einstellung

Sich glücklicher zu fühlen, hängt oft eher von der Art zu denken und zu fühlen als von den Umständen ab. Probiere es mal aus und nimm eine positive Einstellung an, wenn du etwas tust, was du normalerweise langweilig findest. Du könntest zum Beispiel Musik einschalten und dazu singen, wenn du die Spülmaschine einräumst oder bügelst.

Bewerte neu

Bewerte dein Zeitmanagement. Teilst du deine Zeit klug ein? Kannst du die Zeit für weniger wichtige Aktivitäten reduzieren und Raum für erfüllende Dinge schaffen? Wenn du nicht vollständig auf etwas verzichten möchtest, versuch es mal mit unterschiedlichen Tagen und Uhrzeiten, um Abwechslung in die Dinge zu bringen.

Richte Botschaften an dich selbst

In der Geschäftigkeit des Alltags geht man leicht verloren – wenn du dir also etwas Neues angewöhnen möchtest, kannst du dir Erinnerungen aufhängen: ans Telefon, in dein Portemonnaie und auf Post-its, die du in der Wohnung verteilst.

Lass dich anregen

Entwirf eine Grafik, Collage oder Zeichnung von deinem Leben und füge all das Neue hinzu, das dazugehören soll. Hänge sie an die Wand, damit du sie jeden Tag sehen kannst.

Finde ein Fenster

Jeder hat täglich immer etwas Leerlauf, sei es im Wartezimmer des Arztes oder während einer Zugfahrt. Fülle diese Zeit nicht aus, sondern nutze sie für dein Wohlbefinden: Atme tief durch, lächele oder konzentriere dich ganz auf den Moment.

Schreibe es auf

Schreibe die Dinge auf, die du verändern möchtest. In den Wochenplänen und Monatsübersichten ist viel Platz dafür vorgesehen. Das Formulieren der Wünsche hilft dir, dich darauf zu fokussieren und dich zu motivieren.

WOCHEN-PLAN

WOCHENANFANG:

Ziele für diese Woche:
Mache Fortschritte!

JA!

Mein tägliches Ziel ist:

M
D
M
D
F
S
S

Was ist am wichtigsten?
Schreibe ohne groß nachzudenken ein paar Dinge auf, von denen du wünschst, dass sie diese Woche geschehen.

„Freies“ Schreiben kann verborgene Träume offenlegen.

WÖCHENTLICHER **GLÜCKS**TRACKER

Wie fühlst du dich beim Aufwachen? Denke an etwas Schönes, das du in deine morgendliche Routine integrieren kannst, und tue es dann.

	Aufwachen!	Morgen	Nachmittag	Abend	In der Nacht
Montag					
Dienstag					
Mittwoch					
Donnerstag					
Freitag					
Samstag					
Sonntag					

Beachte, wie veränderlich deine Stimmungen sind. Auch die trübste Stimmung vergeht.

WOCHENPLAN

WOCHENANFANG:

Wochenziele
Zeit zum Abhaken

Erreicht:

Meine kleine Aufgabe für jeden Tag:

M
D
M
D
F
S
S

Meine Liste des Selbstvertrauens
Was hilft dir, weiterzumachen?
Schreibe es hier auf.

WÖCHENTLICHER **GLÜCKSTRACKER**

Wenn du die Grafik normalerweise mit Stickern ausfüllst, versuche es diese Woche mal mit dem Zeichnen von Emojis. Wenn du sonst immer zeichnest, verwende diesmal die Sticker.

	Aufwachen!	Morgen	Nachmittag	Abend	In der Nacht
Montag					
Dienstag					
Mittwoch					
Donnerstag					
Freitag					
Samstag					
Sonntag					

Deine Stimmungen mal auf andere Weise nachzuzeichnen, kann dir zu einem neuen Blick verhelfen.

WOCHEN-PLAN

WOCHENANFANG:

Wöchentliche Ziele:
Zeit zum Abhaken!

Erreicht:

Diese Woche möchte ich jeden Tag:

M ○
D ○
M ○
D ○
F ○
S ○
S ○

Der beste Rat
Was war der beste Rat, den dir jemand gegeben hat?

Kannst du diesem Rat diese Woche folgen?

WÖCHENTLICHER **GLÜCKSTRACKER**

Fülle die Kreise mit Stickern oder Skizzen für besondere Stimmungsänderungen. Ist ein Gefühl vorherrschend?

	Aufwachen!	Morgen	Nachmittag	Abend	In der Nacht
Montag					
Dienstag					
Mittwoch					
Donnerstag					
Freitag					
Samstag					
Sonntag					

Ist jetzt der Moment für deine Monatsübersicht da? Du findest sie auf Seite 152.

WOCHEN-PLAN

WOCHENANFANG:

Ziele dieser Woche

Was möchte ich erreichen?

Erreicht:

- ○
- ○
- ○
- ○
- ○
- ○
- ○

Meine tägliche gute Angewohnheit ist:

- M ○
- D ○
- M ○
- D ○
- F ○
- S ○
- S ○

Heimliche Hoffnungen

Nimm einen Stift und schreibe sie auf.

Mache keine Einschränkungen. Schreib auf, was du erwartest, warte dann ab und sieh, was geschieht!

WÖCHENTLICHER **GLÜCKSTRACKER**

Ob happy oder traurig, verfolge diese Woche wieder deine Gefühle. Wenn du dich down fühlst, überlege, was dir helfen könnte, deine Gefühle zu verbessern, und tue es!

	Aufwachen!	Morgen	Nachmittag	Abend	In der Nacht
Montag					
Dienstag					
Mittwoch					
Donnerstag					
Freitag					
Samstag					
Sonntag					

Überlege nicht zu sehr, welcher Sticker passen könnte – zeichne etwas.

WOCHEN-PLAN

WOCHENANFANG:

Wochenziele

Zeit zum Abhaken!

Geschafft:

- ◯
- ◯
- ◯
- ◯
- ◯
- ◯
- ◯

Jeden Tag werde ich:

- M ◯
- D ◯
- M ◯
- D ◯
- F ◯
- S ◯
- S ◯

Mein Trost

Was hilft dir, wenn du am Boden zerstört bist?

WÖCHENTLICHER GLÜCKSTRACKER

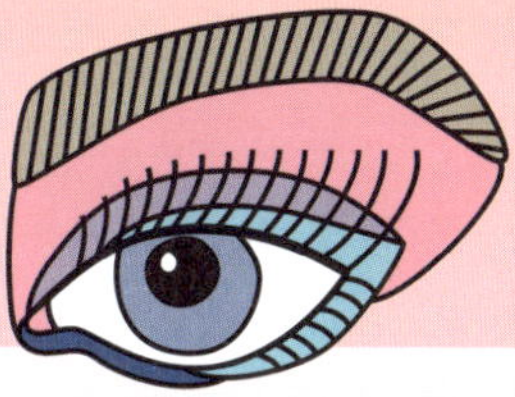

Indem du deine Stimmungen aufzeichnest, kannst du einen Blick auf die Tiefpunkte werfen und etwas dagegen tun.

	Aufwachen!	Morgen	Nachmittag	Abend	In der Nacht
Montag					
Dienstag					
Mittwoch					
Donnerstag					
Freitag					
Samstag					
Sonntag					

Wie sieht die Grafik auf Seite 157 aus? Denke daran, sie jeden Tag auszufüllen.

SAGE DANKE!

Dankbarkeit ist gut für deine Gesundheit und dein geistiges Wohlbefinden. Wenn du dich auf das konzentrierst, was du nicht hast, ist das unbefriedigend. Wenn du dankbar bist, bist du zufriedener im Leben. Schreibe einfach auf, was in deinem Leben gut verläuft, und du fühlst dich besser. Und je häufiger du das machst, umso einfacher wird es. Hier sind ein paar praktische Tipps, mit denen du deine Dankbarkeit steigern kannst.

Drei Gedanken

Schreibe jeden Abend drei kleine Dinge auf, für die du dankbar bist, zum Beispiel für schönes Wetter oder einen Gedankenaustausch mit einem Freund. Erfahre dabei das schöne Gefühl von Dankbarkeit.

Geh in die Natur

Naturerlebnisse lassen uns ruhiger werden. Wo auch immer du bist, achte auf ihre Schönheit: eine Blume, einen Baum oder den Himmel. Mache einen Spaziergang, wann immer du Zeit hast, und genieße jeden Schritt.

Dankbarkeits-Glas

Nimm ein schönes, großes Glas und schreibe etwas auf einen Zettel, wenn du dankbar für etwas bist, lege ihn dann in das Glas. Wenn du dann mal Motivation brauchst, nimm einen Zettel heraus, lese ihn und erinnere dich an das Glück dieses Moments.

Dank ausdrücken

Du sagst vielleicht mehrmals am Tag „danke", ohne genau darauf zu achten. Wenn du nächstes Mal jemandem dankst, tue das mit Aufmerksamkeit. Nimm dir Zeit, die Person anzusehen und spüre deiner Wertschätzung nach.

Nimm Herausforderungen an

Sei dankbar für die Schwierigkeiten in deinem Leben. Auch wenn sie im Moment vielleicht hart sind – Herausforderungen bieten die Gelegenheit, sich seiner selbst zu vergewissern und Wege zu finden, die mehr Raum für Zufriedenheit und Glück bieten.

Vernetze dein Hirn neu

Du kannst die Art und Weise, dich über etwas zu beklagen, verändern. Wann immer du dich dabei ertappst, über etwas Triviales jammern zu wollen, höre damit auf und denke, was an der Situation oder der betreffenden Person gut ist.

Achte, was du hast

Wenn du unglücklich bist, versuche mal, alle positiven Dinge in deinem Leben aufzulisten. Versuche mal gleich, fünf Dinge an den Fingern einer Hand aufzuzählen.

WOCHEN-PLAN

WOCHENANFANG:

Meine To-do-Liste
Hole sie immer wieder hervor.

Mein tägliches Ziel:

M
D
M
D
F
S
S

Das habe ich geschafft:

Was ist am wichtigsten?
Schreibe die Hauptziele für diese Woche auf.

WÖCHENTLICHER **GLÜCKS**TRACKER

Welche Sticker oder Zeichnungen veranschaulichen deine Gefühle in dieser Woche? Viel Spaß beim Ausfüllen des Glückstrackers!

	Aufwachen!	Morgen	Nachmittag	Abend	In der Nacht
Montag					
Dienstag					
Mittwoch					
Donnerstag					
Freitag					
Samstag					
Sonntag					

Ist ein bestimmter Wochentag immer ein besonders guter oder schlechter für dich?

WOCHEN-
PLAN

WOCHENANFANG:

Ziele dieser Woche

Nimm diese Tage ernst!

Getan!

Wenn du etwas erreichst, produziert das Gehirn ein Glückshormon. Genieße es!

Ich möchte jeden Tag:

M
D
M
D
F
S
S

Wofür ich dankbar bin

Notiere die Highlights deiner Woche.

WÖCHENTLICHER **GLÜCKSTRACKER**

Nimm dir jeden Abend Zeit, deine Stimmung aufzuzeichnen,
oder nimm das Journal überall hin mit und benutze es zwischendurch.

	Aufwachen!	Morgen	Nachmittag	Abend	In der Nacht
Montag					
Dienstag					
Mittwoch					
Donnerstag					
Freitag					
Samstag					
Sonntag					

Gehe nun zu Seite 154 und fülle den letzten Monatsbericht für dieses Jahr aus!

Die monatliche Glücksübersicht

Das ist deine erste Monatsübersicht!

MONAT

Was hat mich in diesem Monat besonders happy gemacht?

Darüber habe ich mir Sorgen gemacht:

Lasse deine Sorgen auf dieser Seite zurück.

Sechs Dinge, die mich nächsten Monat glücklicher machen:

1

4

2

5

3

6

Betrachte das Diagramm gegenüber, um festzustellen, ob deine Stimmung zu bestimmten Tageszeiten nachlässt. Liste stichpunktartig auf, wie du dich selbst motivieren kannst.

MONATLICHES **GLÜCKS**DIAGRAMM

Fülle die Pfeile aus, wie es dir gefällt.

Betrachte deine Glückstracker dieses Monats und zeichne in die Pfeile, wie du dich meistens an den jeweiligen Tageszeiten gefühlt hast. Du kannst einfach mit Blei- oder Buntstiften bis zum entsprechenden Level die Pfeile ausfüllen oder Skizzen hineinzeichnen.

Bewerte den ganzen Monat auf einer Skala von 1 bis 10

......

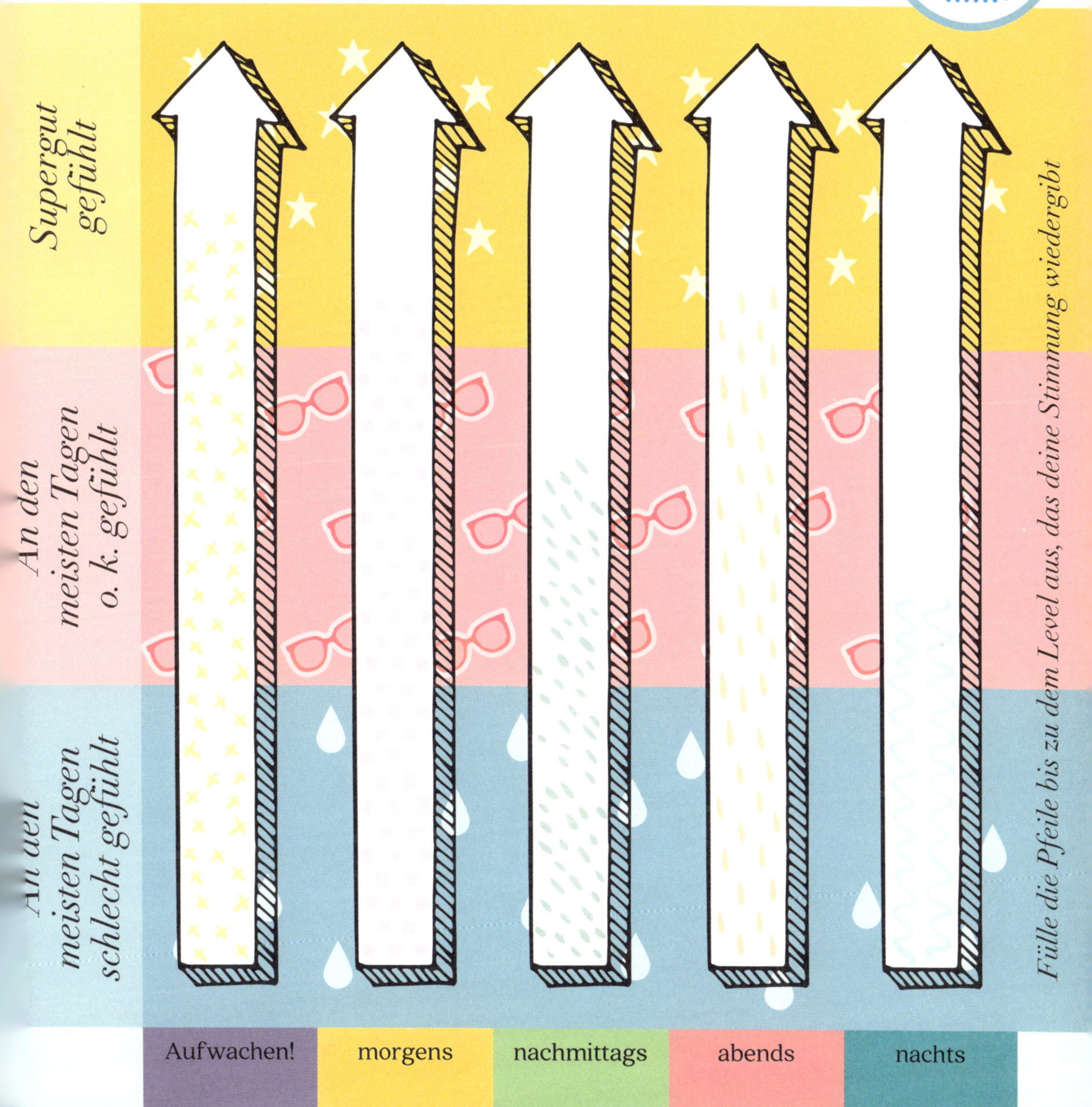

Die monatliche Glücksübersicht

MONAT

Was hat mir in diesem Monat besonders Auftrieb verliehen?

....

....

....

....

Das habe ich diesen Monat gut gemacht:

....

....

....

....

Sechs Dinge, auf die ich mich nächsten Monat freue:

1

2

3

4

5

6

Betrachte das Diagramm gegenüber, und sieh, zu welcher Tageszeit du dich am besten gefühlt hast. Schreibe auf, was du dann immer gemacht hast. Kannst du das in die Zeiten integrieren, zu denen du dich weniger gut fühltest?

-
-
-
-
-

MONATLICHES GLÜCKSDIAGRAMM

Wie ging es dir diesen Monat an den verschiedenen Tageszeiten? Fülle die Pfeile aus und überlege, wie es dir an den meisten Tagen im Durchschnitt ging.

Bewerte den ganzen Monat auf einer Skala von 1 bis 10 ......

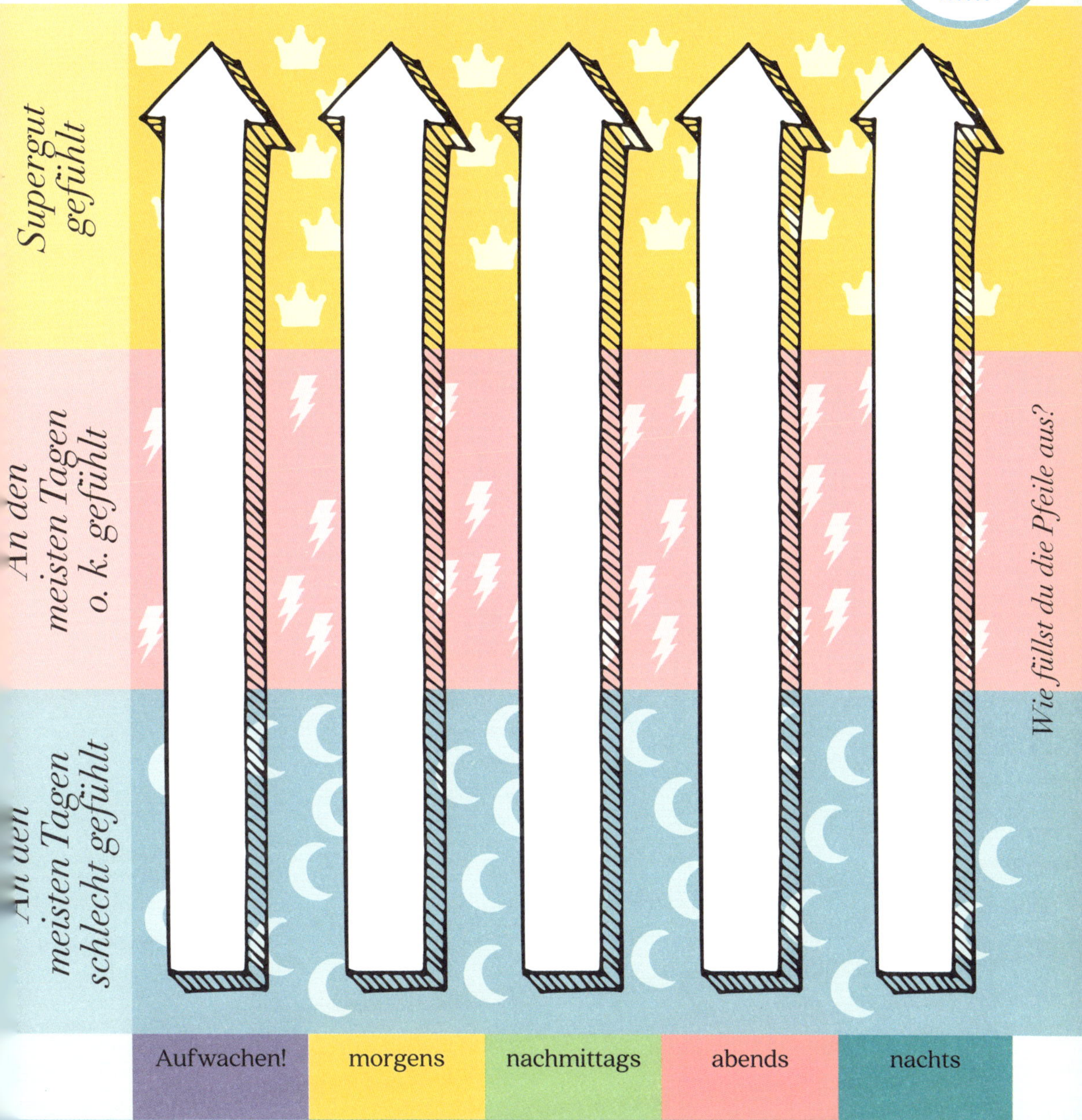

Die monatliche Glücksübersicht

MONAT

Der glücklichste Augenblick in diesem Monat:

Meine Herausforderungen (die ich bestanden habe):

Sechs schöne Pläne für den nächsten Monat:

1

2

3

4

5

6

Nimm dir Zeit für schöne Dinge!

Betrachte noch einmal deine drei ersten Monatsübersichten. Steigen deine Glückslevel an? Lies auf Seite 54–55 nach, wie du Blockaden lösen kannst, und schreibe mindestens eine Strategie auf, die du nächsten Monat anwenden willst.

MONATLICHES **GLÜCKSDIAGRAMM**

Betrachte noch einmal deine wöchentlichen Glückstracker und fasse dann zusammen, wie du dich meistens zu den einzelnen Tageszeiten fühltest, indem du die Pfeile ausfüllst.

Bewerte den ganzen Monat auf einer Skala von 1 bis 10 ......

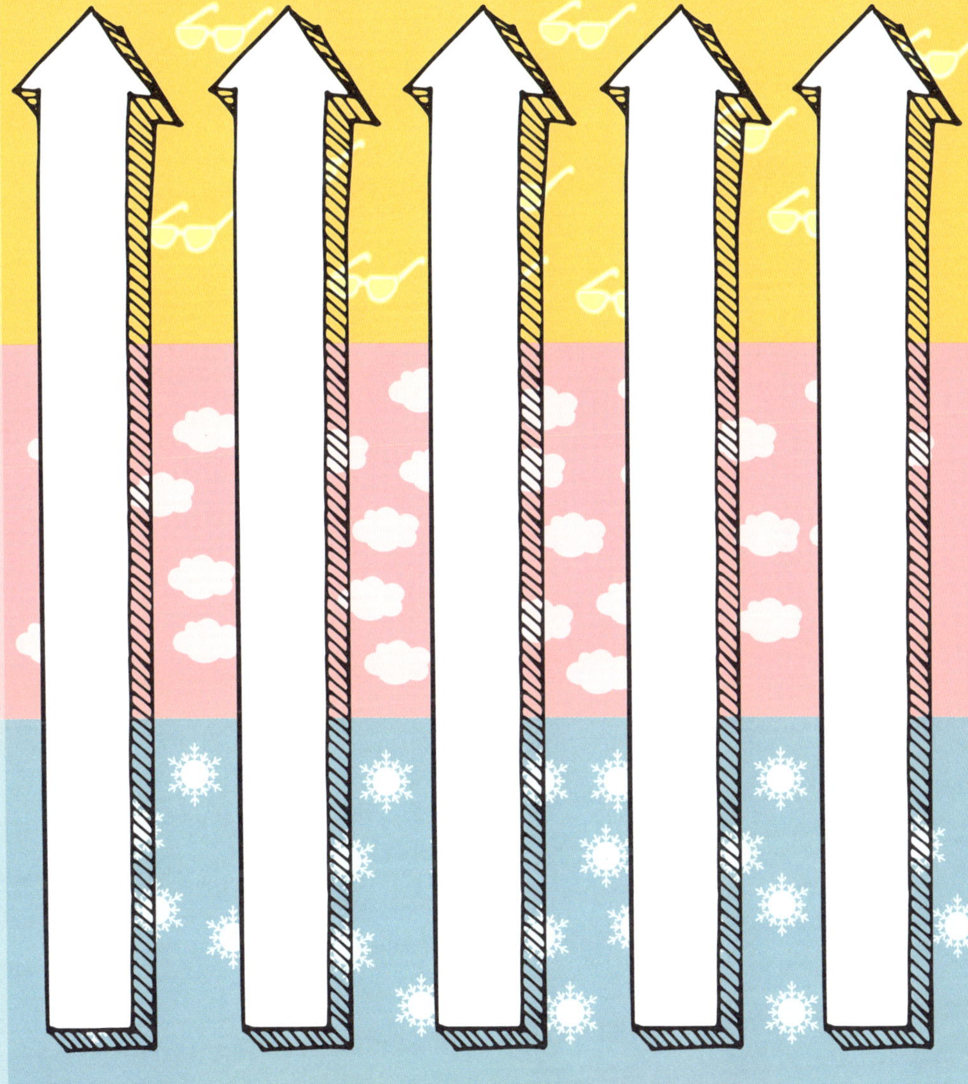

Die monatliche Glücksübersicht

MONAT

Das habe ich diesen Monat gerne getan:

Freundlichkeiten, die ich von anderen empfangen habe:

Überlege, wie du ihnen danken kannst!

Sechs Möglichkeiten, die ich nächsten Monat besonders nutzen möchte:

1

2

3

4

5

6

Denk mal nach, wie es dir geht, wenn du unter Leute kommst. Steigert sich dann dein Glücksempfinden? Schreibe auf, wer dich am meisten inspiriert und motiviert.

MONATLICHES **GLÜCKS**DIAGRAMM

Fülle die Pfeile aus und sieh, wann du besonders happy warst. Was tust du normalerweise dann? Kannst du diese positiven Gefühle in andere Tageszeiten mitnehmen?

Bewerte den ganzen Monat auf einer Skala von 1 bis 10

......

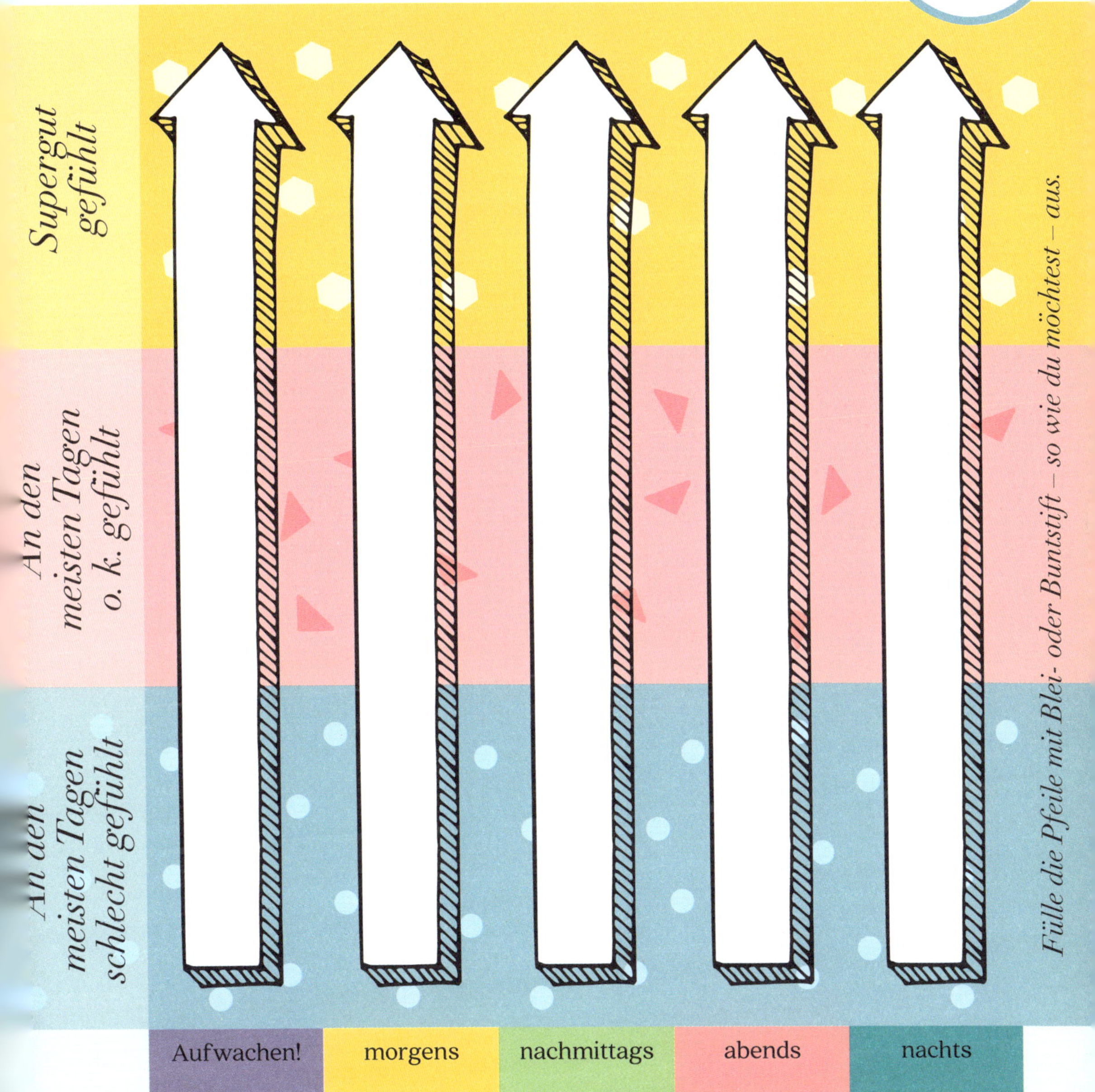

Die monatliche Glücksübersicht

MONAT

Was hat mich diesen Monat happy gemacht?

Was hat mich unglücklich gemacht?

Lasse diese Dinge hinter dir zurück.

Sechs schnelle Motivationsanreize, die bei mir gut funktionieren:

1

2

3

4

5

6

Betrachte die „Nachts-Pfeile“ im Diagramm gegenüber und beurteile, wie gut du meistens geschlafen hast. Wenn dich Sorgen wach halten, findest du auf Seite 102–103 einige Wege, damit umzugehen. Schreibe dir ein paar Strategien auf, die du nächsten Monat ausprobieren willst.

MONATLICHES **GLÜCKS**DIAGRAMM

Verwende für positive Stimmungen leuchtende Farben.

Viel Spaß beim Ausfüllen der Pfeile in unterschiedlichen Farben! Verschaffe dir so einen Überblick über deine Stimmung an den meisten Tagen dieses Monats.

Bewerte den ganzen Monat auf einer Skala von 1 bis 10

......

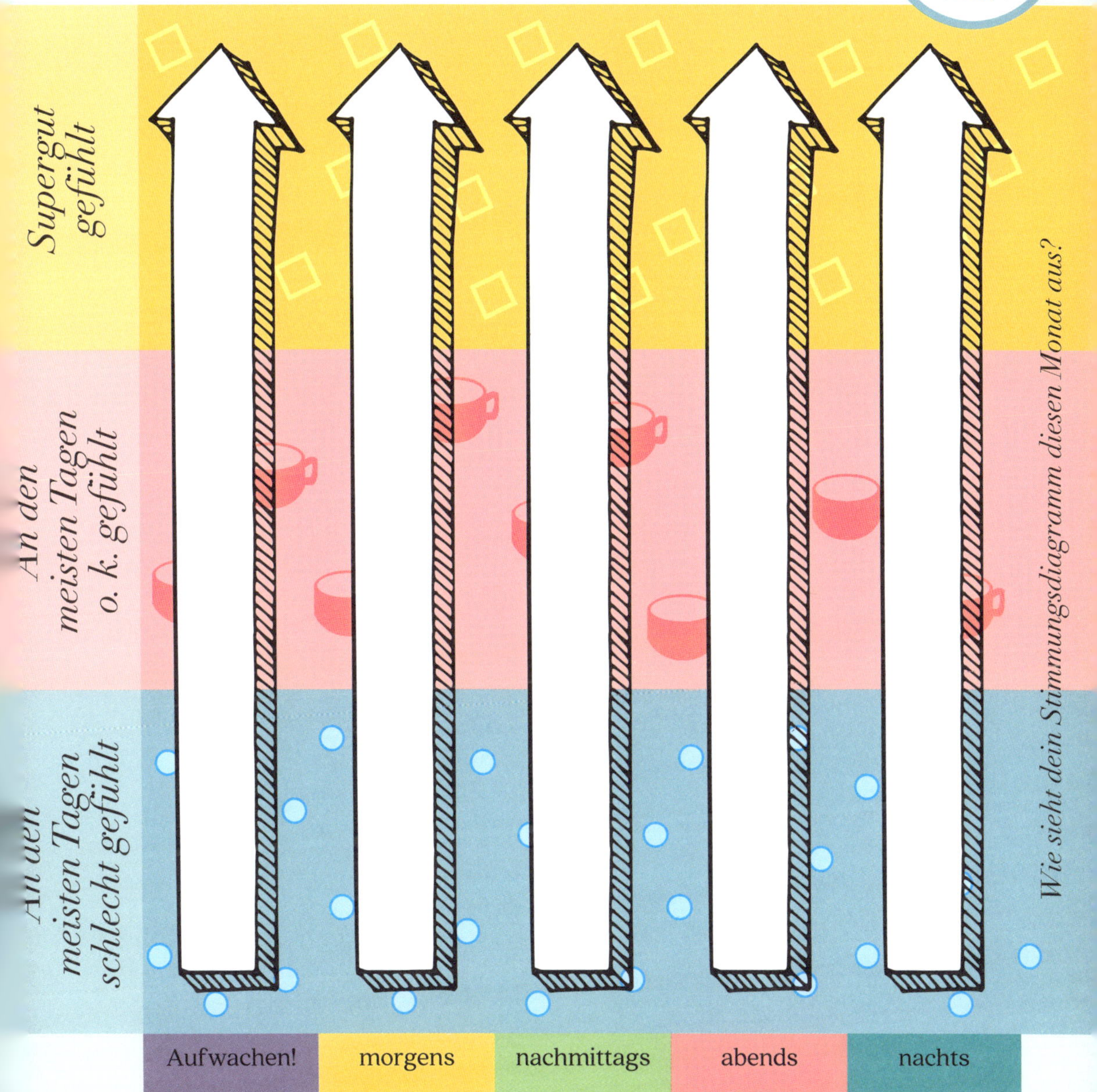

Die monatliche Glücksübersicht

MONAT

Was hat mir diesen Monat besonders gefallen?

....

....

....

....

Was wurde besser als gedacht:

....

....

....

....

Wow, was für eine Überraschung!

Sechs tolle Pläne für den nächsten Monat:

1

2

3

4

5

6

Blick noch einmal auf die Ziele der letzten sechs Monate zurück. Einige sind höher als andere. Notiere die Aktivitäten und Erfahrungen, die dir am besten gefallen haben.

-
-
-
-
-
-

MONATLICHES **GLÜCKS**DIAGRAMM

Das Ausfüllen der Grafik ist ein tolle Möglichkeit, über deine tägliche Routine nachzudenken. Geht deine Stimmung eher morgens, nachmittags oder abends in den Keller?

Bewerte den ganzen Monat auf einer Skala von 1 bis 10

......

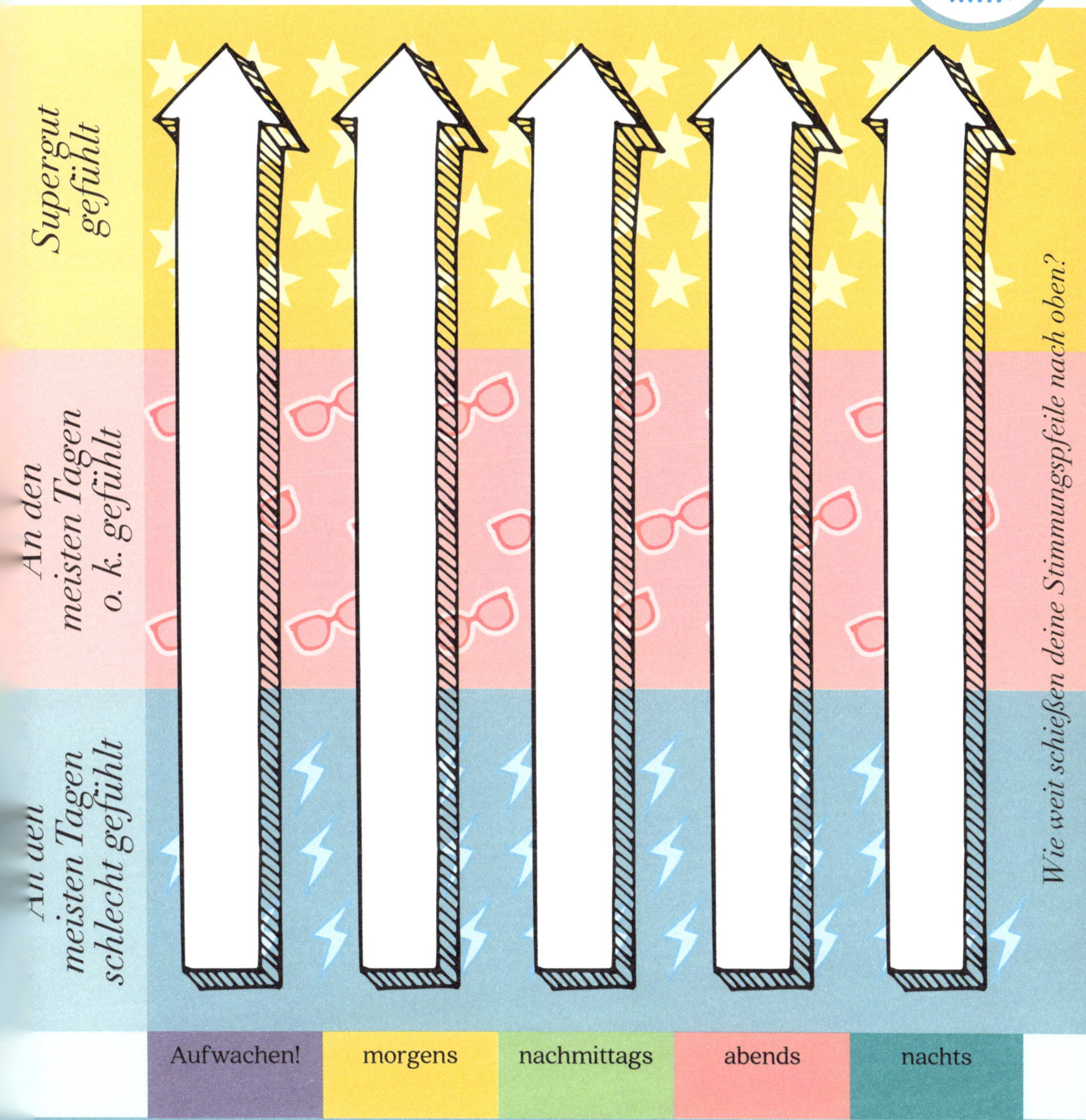

Die monatliche Glücksübersicht

MONAT

Highlights des Monats:

Meine größten Herausforderungen:

Auch die schwierigste Zeit geht vorüber!

Sechs tolle Dinge, die ich nächsten Monat tun möchte:

1

2

3

4

5

6

Betrachte das Diagramm gegenüber. Bist du eher bei der Arbeit oder zu Hause gestresst? Schreibe auf, wie du den Stress abbauen kannst – auf Seite 30–31 findest du ein paar Vorschläge dafür.

MONATLICHES **GLÜCKSDIAGRAMM**

Betrachte noch einmal deine Glückstracker dieses Monats. Bist du überrascht, wie glücklich oder unglücklich du zu den unterschiedlichen Tageszeiten bist?

Bewerte den ganzen Monat auf einer Skala von 1 bis 10

Supergut gefühlt

An den meisten Tagen o. k. gefühlt

An den meisten Tagen schlecht gefühlt

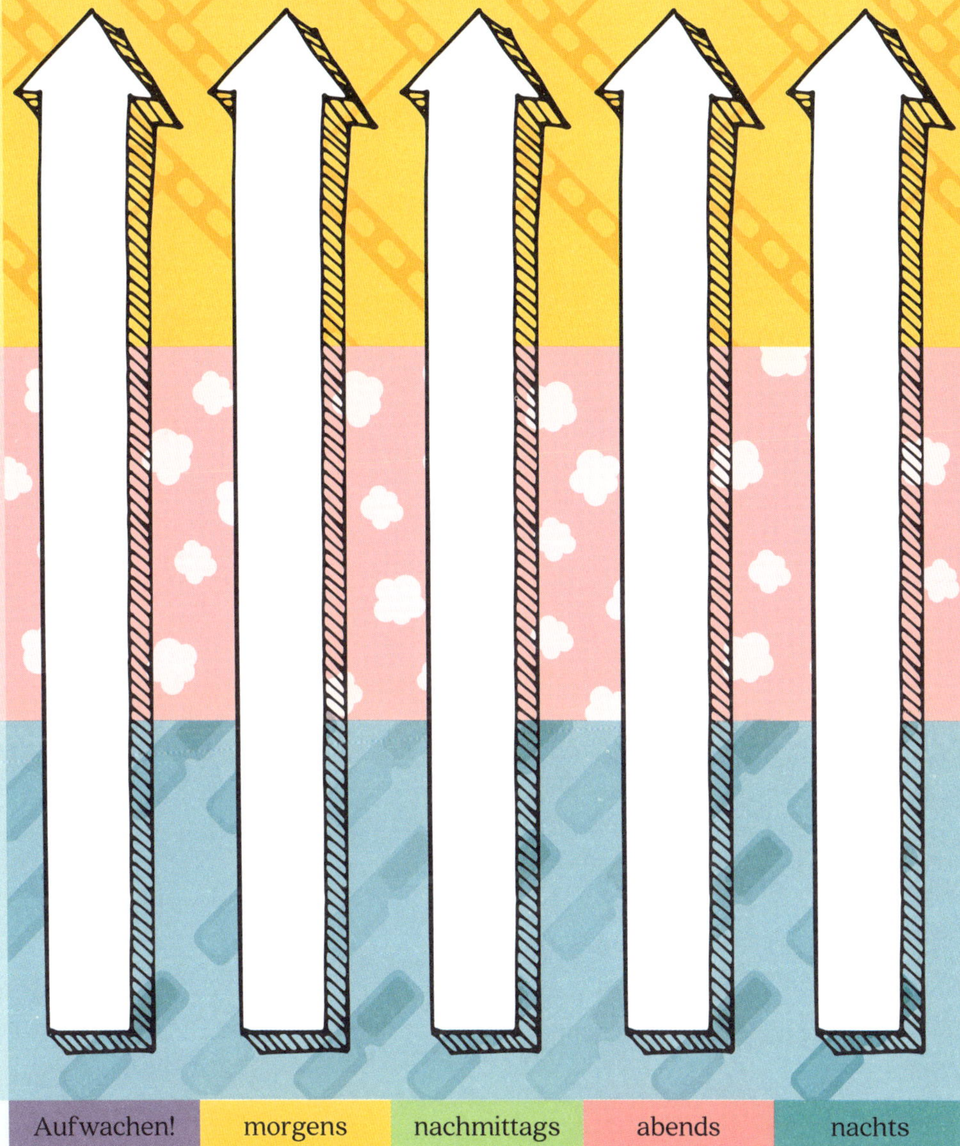

Fülle die Pfeile aus und erfasse deine durchschnittliche Stimmung

Aufwachen!	morgens	nachmittags	abends	nachts

Die monatliche Glücksübersicht

MONAT

Glücklichste Zeit dieses Monats:

Dafür war ich diesen Monat dankbar:

Sechs Dinge, auf die ich mich nächsten Monat freue:

1

2

3

4

5

6

Lass dich von den Vorschläge auf Seite 18– anregen.

Schreibe hier ein Lieblingszitat oder einen anregenden Satz auf, den du wiederholen kannst, wenn du Motivation brauchst.

MONATLICHES **GLÜCKS**DIAGRAMM

Fülle die Pfeile mit Buntstiften oder Textmarkern aus oder zeichne etwas hinein, um deine Gefühle an den verschiedenen Tageszeiten zu veranschaulichen. Wie ist deine Stimmung zum Beispiel beim Aufwachen?

Bewerte den ganzen Monat auf einer Skala von 1 bis 10 ……

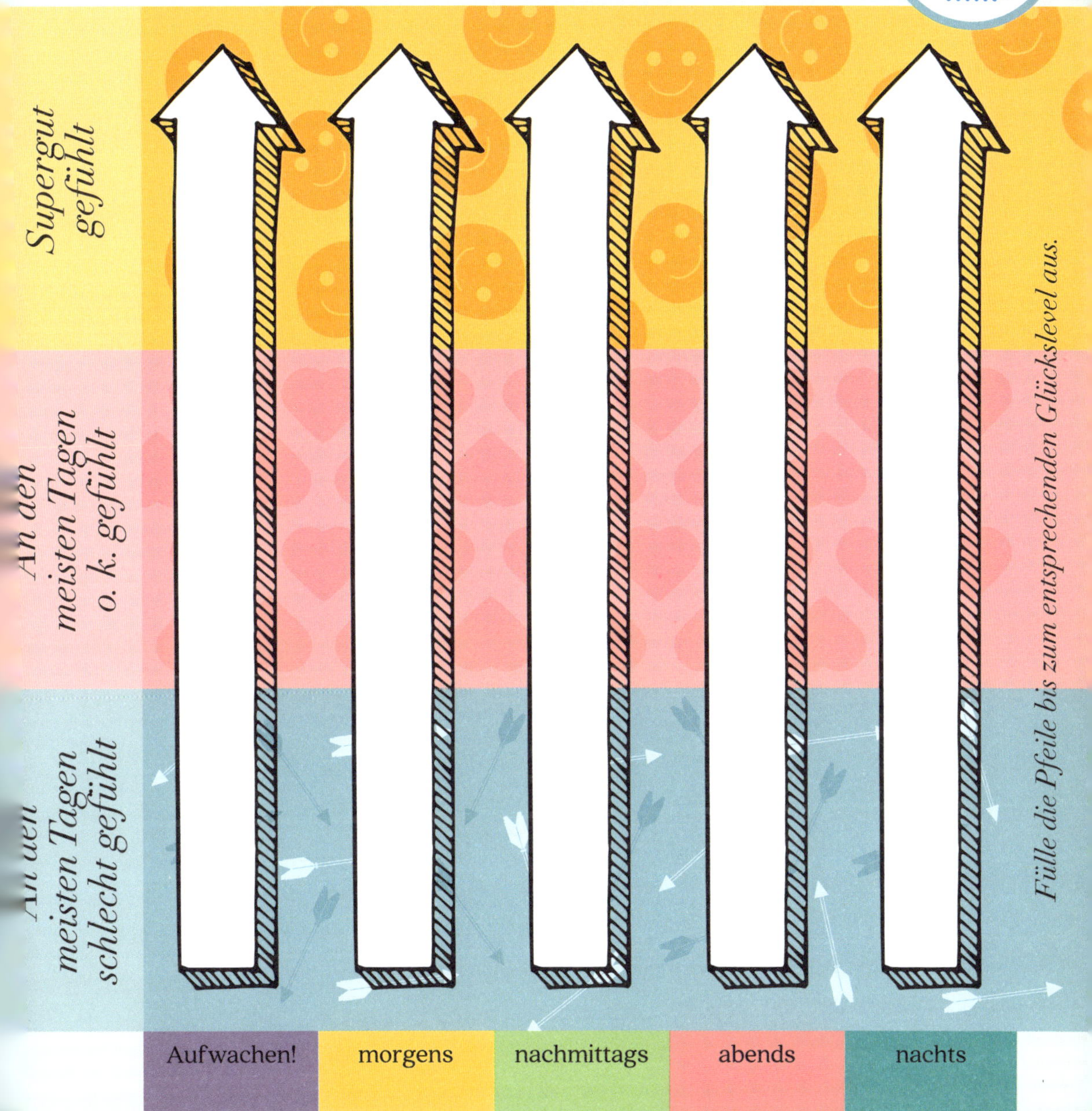

Die monatliche Glücksübersicht

MONAT

Das hat mich diesen Monat happy gemacht:

....

....

....

....

Kleine Gefallen, die ich anderen getan habe:

Höflich zu sein ist auch gut für dich!

....

....

....

....

Sechs erfüllende Dinge, die ich nächsten Monat tun möchte:

1

2

3

4

5

6

Blicke auf die Glücksdiagramme der letzten neun Monate zurück. Hat sich in manchen Monaten etwas besonders verändert? Schreibe die negativen Dinge auf, die dir Schwierigkeiten bereiten.

-
-
-
-

Blicke auf diese Liste zurück, wenn du nächstes Mal eine Herausforderung bestehst

MONATLICHES **GLÜCKSDIAGRAMM**

Gewöhne dir an, dich zum Ausfüllen hinzusetzen und über den Monat nachzudenken. Betrachte die Wochenpläne und Glückstracker als Erinnerungsstütze.

Bewerte den ganzen Monat auf einer Skala von 1 bis 10

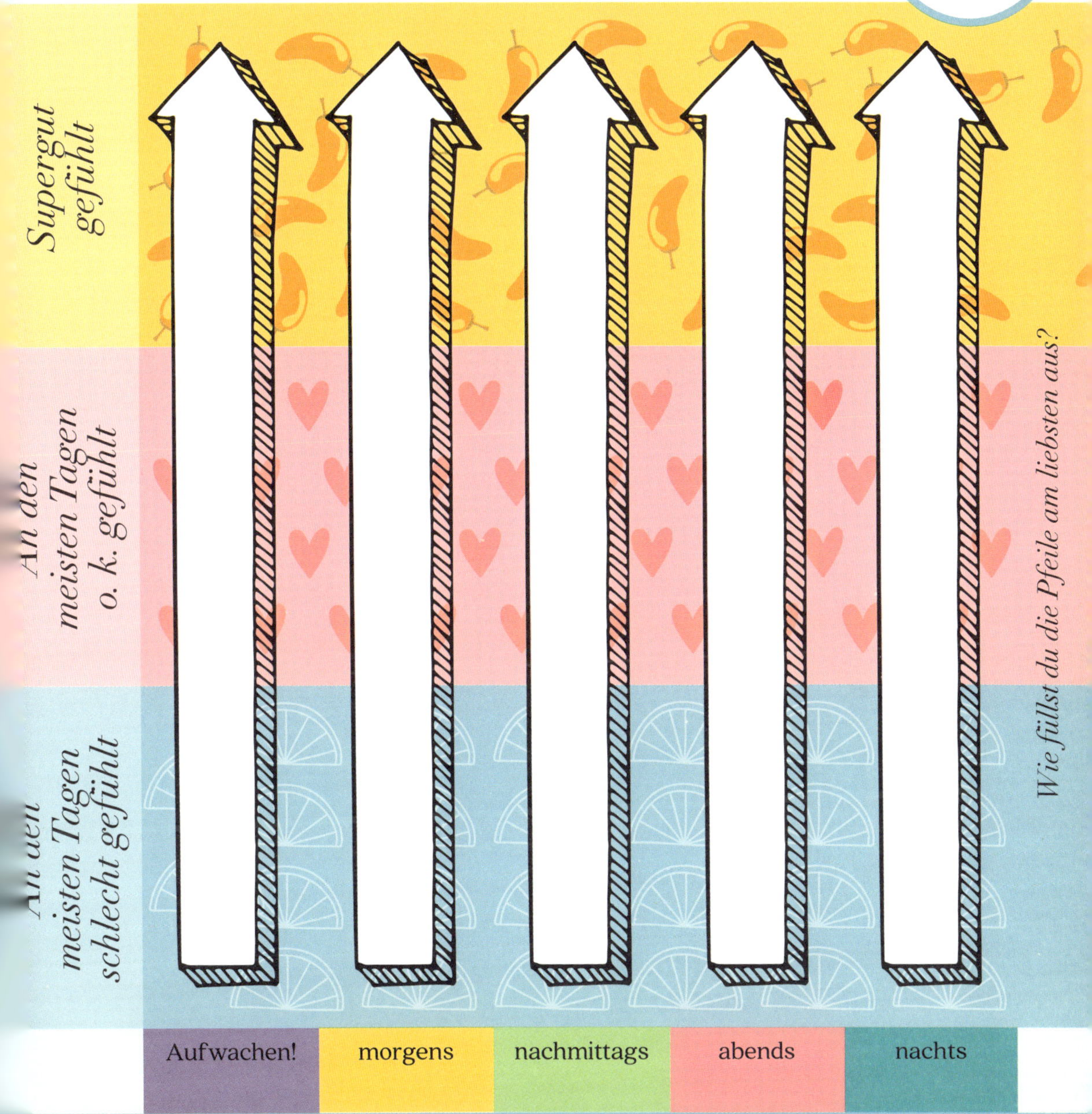

Die monatliche Glücksübersicht

MONAT

Meine schönsten Erfahrungen in diesem Monat:

Das habe ich diesen Monat erreicht:

Feiere deine Erfolge, die kleinen wie die großen.

Sechs Dinge, auf die ich mich nächsten Monat freue:

1
2
3
4
5
6

Betrachte das Glücksdiagramm gegenüber und sieh, wie deine Stimmung an den meisten Nachmittagen ist. Wenn sie schlecht ist, schreibe auf, wie du die Mittagspause nutzen kannst, um wieder Energie zu tanken. Nutze mindestens eine davon jeden Tag, auch wenn deine Stimmung gut ist!

MONATLICHES **GLÜCKS**DIAGRAMM

Genieße das Ausfüllen der Pfeile – Kreativsein inspiriert!

Wie füllst du diesen Monat die Pfeile aus? Male sie mit Blei- oder Buntstift aus oder zeichne etwas bis zum entsprechenden Level hinein.

Bewerte den ganzen Monat auf einer Skala von 1 bis 10

......

Supergut gefühlt

An den meisten Tagen o. k. gefühlt

An den meisten Tagen schlecht gefühlt

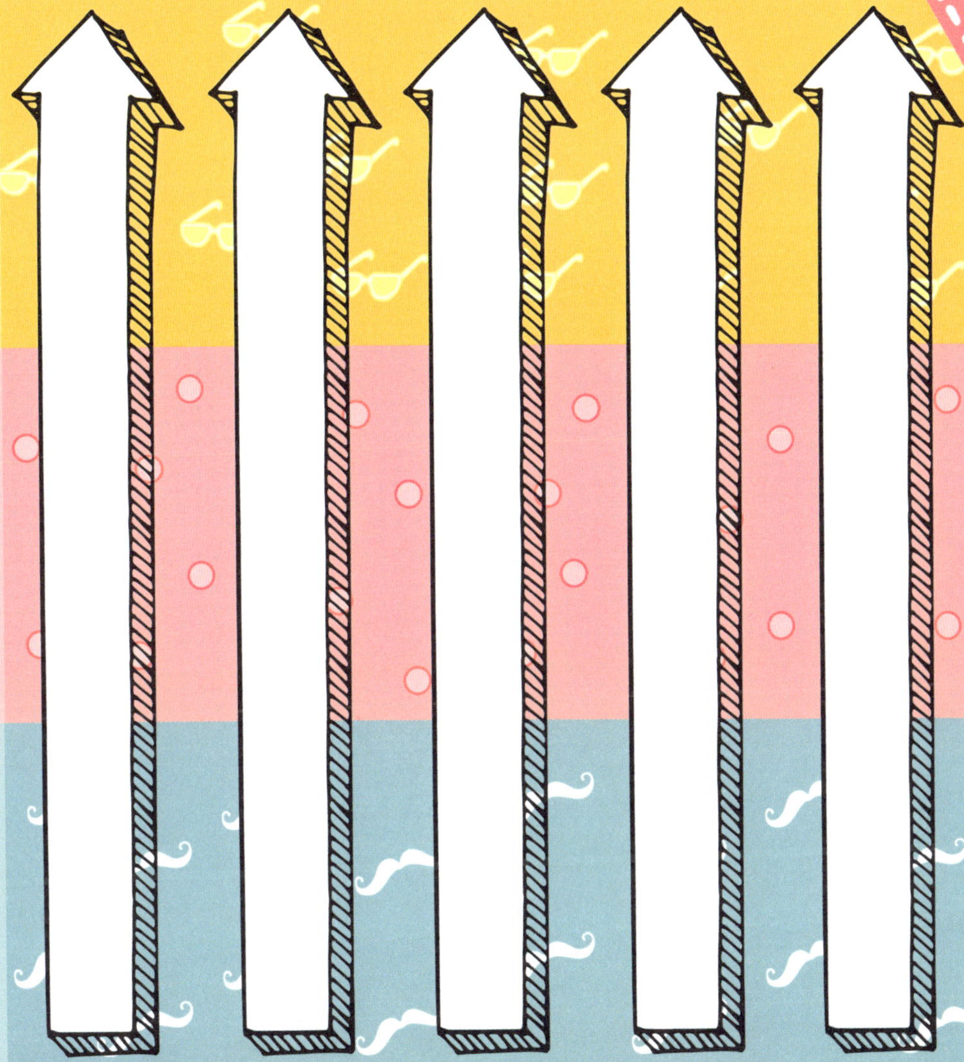

Wie weit werden deine Pfeile ausgefüllt?

Aufwachen!	morgens	nachmittags	abends	nachts

Die monatliche Glücksübersicht

MONAT

Je mehr du das Leben wertschätzt, umso glücklicher wirst du.

Was hat mich diesen Monat glücklich gemacht?

Welche Herausforderungen habe ich bestanden?

Sechs schöne Dinge, die ich nächsten Monat tun möchte:

1

2

3

4

5

6

Schreibe einen selbstkritischen Gedanken auf, den du häufig hast, zum Beispiel „Ich bin erfolglos bei meiner Arbeit." Richte dich dann mit einer positiven Alternative auf: „Ich kann gut organisieren und viel dafür tun, meine Fähigkeiten zu verbessern." Schreibe das auch auf.

Wiederhole den positiven Satz jedes Mal, wenn du dich dabei ertappst, dass du den negativen sagst!

MONATLICHES **GLÜCKS**DIAGRAMM

Lass deinen Blick über die Glückstracker dieses Monats schweifen.
Wie war deine Stimmung an den verschiedenen Tageszeiten?

Bewerte den ganzen Monat auf einer Skala von 1 bis 10

......

Supergut gefühlt

An den meisten Tagen o. k. gefühlt

An den meisten Tagen schlecht gefühlt

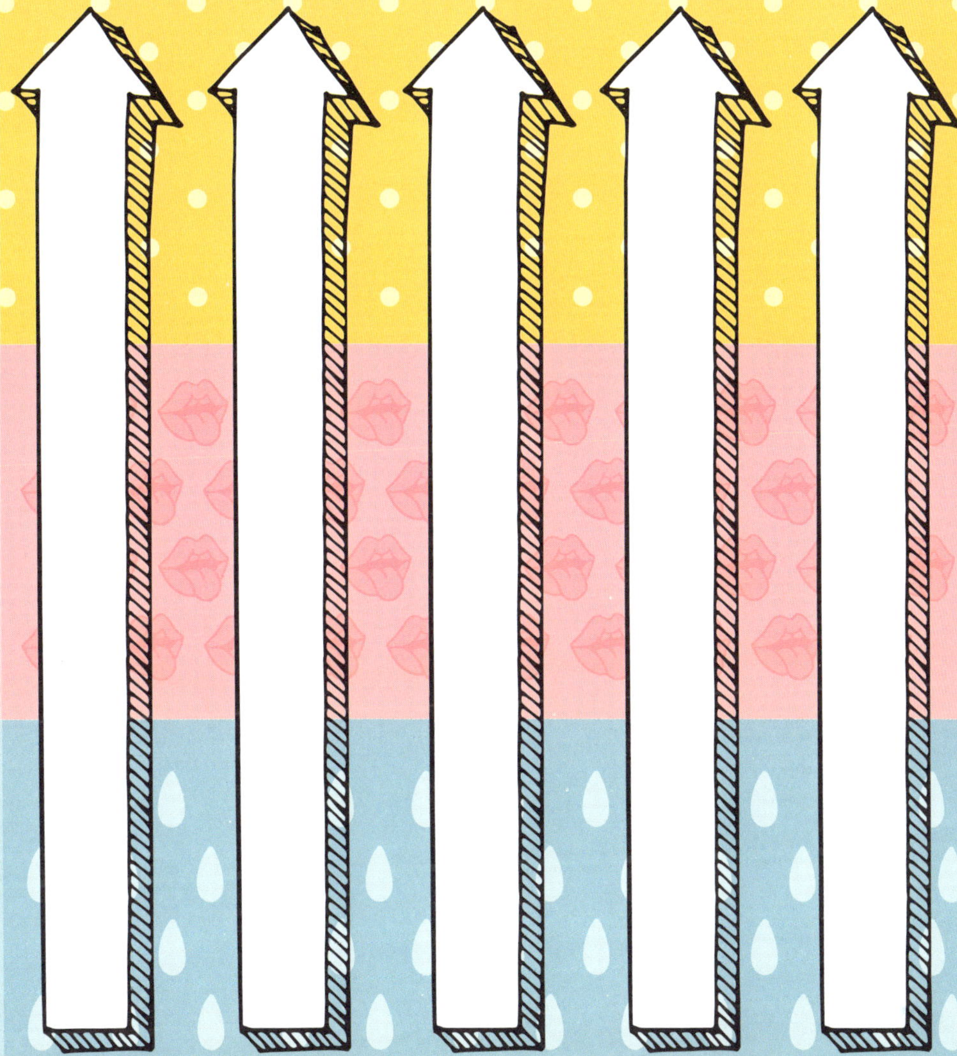

Viel Spaß beim Ausfüllen der Pfeile bis zur richtigen Höhe!

Aufwachen!	morgens	nachmittags	abends	nachts

Die monatliche Glücksübersicht

MONAT

Das hat mich diesen Monat glücklich gemacht:

....

....

....

....

Was ich in meinem Leben gerade jetzt besonders schätze:

....

....

....

....

Schreibe sechs positive Dinge über dich selbst auf:

1

2

3

4

5

6

Wenn du die Seiten für diesen Monat ausgefüllt hast, betrachte noch einmal die Grafiken des ganzen Jahres. Haben sich die Glückslevel an einer oder mehreren Tageszeiten gesteigert? Schreibe etwas auf, das sich gebessert hat.

....

....

....

....

Positive Veränderungen wahrnehmen stärkt dein Selbstvertrauen.

MONATLICHES **GLÜCKSDIAGRAMM**

Dies ist deine letzte Monatsgrafik, gestalte sie besonders schön! Fülle die Pfeile mit Blei-, Buntstift oder Skizzen bis zum entsprechenden Glückslevel aus.

Bewerte den ganzen Monat auf einer Skala von 1 bis 10

……

DEIN JAHR *in* KÄSTCHEN

Betrachte den Schlüssel und wähle die Farbe, die am besten zur Stimmung des Tages passt. Male das Kästchen für den jeweiligen Tag in der Grafik entsprechend aus.

Hier ist die Anleitung für die Übersicht über das ganze Jahr, mit je einem Kästchen für jeden Tag eines Monats. So bauen die ausgefüllten Kästchen Tag für Tag ein Bild deiner Stimmungen auf. Wenn du mehr Blau und Grün als Pink und Orange verwendest, weißt du, dass du handeln musst. Steigere dein Glück mit den Tipps in diesem Journal und bringe Farbe in die Grafik!

Fülle jeden Tag ein Kästchen aus, damit du auf einen Blick siehst, wie sich dein Jahr einfärbt!

Farbschlüssel für die Kästchen

- glücklich, happy
- ruhig, zufrieden
- beschäftigt, konzentriert
- durchschnittlich, so lala
- ärgerlich, schlecht gelaunt
- down, einsam
- gelangweilt, antriebslos

Monate des Jahres

Tage des Monats

	J	F	M	A	M	J	J	A	S	O	N	D
1												
2												
3												
4												
5												
6												
7												
8												
9												
10												
11												
12												
13												
14												
15												
16												
17												
18												
19												
20												
21												
22												
23												
24												
25												
26												
27												
28												
29												
30												
31												

DANKSAGUNG

Vielen Dank an Megan Chandler, Katie Fitzgibbon & Georgia Hay für ihre anfänglichen Anregungen zu dem Konzept und Design dieses Buches.

Bildnachweis
Shutterstock.com: ADELART; Airibis; Alenka Karabanova; Aliaksei_7799; Alice Vacca; Anastacia Trapeznikova; Anastasia Dzhanaeva; Anastasia Macaluso; Angelina De Sol; anpannan; Aratehortua; Art'nLera; Artur Balytskyi; Beskova Ekaterina; Blan-k; bluelela; boyusya; brand-i-anna; ChachaChanya; cornflowerpower; Cute little Things; Danilo Sanino; Drekkhan; Drozdova Tatiana; Eka Panova; EkatrinaP; Elena_Nevskaya; Elsbet; Evgeniya Pautova; flower travelin' man; Gabriyel Onat; Gennadii Korchuganov; GraphicStore; Giuseppe_R; Goodreason; grmarc; gst; honoka; Iliveinoctober; imaginasty; in_dies_magis; Incomible; InnaPoka; Inspiring; izabel.l; Jane Samoilova; Jemastock; johavel; jsabirova; judilyn; Julia.Laeti.m; Juliata; Kanna A; kateka; Kelvin Degree; KittyVector; Komlev; kostolom3000; krambik; Ksenia Lokko; ksuklein; Laeti-m; Larienn; Lenora M; lesyaskripak; LittleAirplane; Liubou Yasiukovich; los_ojos_pardos; mallinka; Man'ka; Marianna Pashchuk; Marish; Martyshova Maria; MaryMo; medejaja; meow_meow; mhatzapa; Mirrelley; Miyu Nur; molua; MoveOn; Nadezda Barkova; Nadya_Art; NotionPic; Olga Hmelevskaya; pingvin_house; Polina Valentina; Pravokrugulnik; primiaou; Radiocat; RedKoala; Rimma Zaynagova; Roi and Roi; RonAleksandra; Sashatigar; Shannon Marie Ferguson; Shokan Olena; sinoptic; Skokan Olena; Snezhana Togoi; sokolart; Studio_G; Sudowoodo; TabitaZn; Talirina; tanaya; TatianaKost69; tets; Thomas Amby; topform; Tracie Andrews; TrishaMcmillan; twobears_art; Vector pro; Vera ZBG; veron_ice; Viaire; VOLYK IEVGENII; world of vector; Yepifanova Olena; Zhe Vasylieva; Zhitkov Boris

Font:
Quincy CF © Connary Fagen connary.com

Es wurden alle Anstrengungen unternommen, alle Rechteinhaber nachzuweisen. Sollte hier ein Fehler unterlaufen sein, bittet Quintet, ein Imprint der Quarto-Gruppe, um Entschuldigung. Bei einer Nachauflage würde dieser Fehler korrigiert.

Bereichere
dein
LEBEN
mit
GLÜCK!